김용익의
장애인 돌봄 이야기

"여러분의 참여로 이 책이 태어납니다.
씨앗과 햇살이 되어주신 분들, 참 고맙습니다."

고경심 고동환 권근상 김기유 김나연 김덕원 김미희 김선민 김세진 김소영
김용익 김유라 김정은 김주연 김지영 김철환 김희정 남명희 녹색손 문다영
박봉희 박선용 박소연 박소정 박유경 박주석 박현정 백재중 서동운 서종균
서해정 성현정 신동호 신영전 유종오 윤주영 윤혜란 이민홍 이선주 이인형
이정주 이준수 임신화 임형석 정백근 정선화 정유진 조주희 지석연 최규진
(50명)

김용익의

장애인
돌봄 이야기

김용익 글
기므지우 그림

건강
미디어
협동조합

2년 전 《김용익의 돌봄 이야기》라는 책을 낸 적이 있었다. 국민일보에 연재한 지역사회 돌봄에 대한 칼럼을 한데 모아 만든 책이다. 제법 좋은 평을 받았고, 적지 아니 읽히기도 했다. 무엇보다도 글을 쓰면서 각 주제에 대해 생각을 정리할 기회가 되었기에 나 자신을 키우는 작업이기도 했다.

그 책에 대한 인터넷 서점의 서평 중에 "장애인에 대한 현 정책과 문제의식들이 그 실상을 파악하지 못하고 주위를 빙빙 도는 것 아닌가"라는 지적이 있었다. 노인과 장애인을 균형 있게 다루려고 꽤나 노력은 했지만, 장애인 쪽이 모자란다는 것을 늘 의식하고 있었기 때문에 "역시 숨길 수 없구나"하는 생각이 들었다. 그 이후 돌봄에 대해 강연이나 토론회가 있을 때마다 장애인 쪽의 부족함을 조금이라도 보충하려 노력하게 되었다.

이런 어려움을 겪는 것은 나뿐만은 아닌 듯하다. 지역사회 돌봄에 대한 글이나 발제를 보면 흔히 노인을 암묵적 전제로 하여 논리가 구성되었음을 보게 된다. 그러면 그 글은 지역사회 돌봄 전반을 다루기보다 노인 돌봄에 한정된 글이 되고 만다. 또한 그 글 속의 '노인'을 '장애인'으로 바꿔 보면 어색한 부분이 많이 드러난다. 장애인 돌봄을 노인 돌봄으로 가름할 수가 없기 때문이다. 그러면서도 장애인 돌봄의 고유한 논리가 무엇인지는 여전히 잘 보이지 않는다.

장애인 돌봄에 대한 구상의 미흡함 속에서 어느 날, 장애인 돌봄에 대한 연속 칼럼을 써볼까 하는 생각이 들었다. 많이 알아서가 아니라 그렇게라도 해야 공부가 되겠다는 배수진 치기 같은 것이었다. 다행히 국민일보가 선뜻 수락해 주어 2025년 한해 꼬박 칼럼을 쓰게 되었다. 나중에 글을 모아 지난번 책과 똑같은 모양의 쌍둥이 책을 출판할 요량으로 칼럼의 이름도 〈김용익의 장애인 돌봄 이야기〉로 정했다.

2025년 1월 7일부터 12월 23일까지 격주로 실렸다. 이번에도 매회 1,200자의 짧은 글이지만, 회수가 24회나 되어 다양한 주제를 다룰 수 있었다. 장애인 돌봄 전체를 조망하는 글을 길지 않게 써서 보론으로 끝에 실었다. 지역사회 돌봄을 정리한 글은 전작 《김용익의 돌봄 이야기》에 실린 것을 참고하기 바란다.

지난번 책에서 글의 내용을 재미있는 만화로 만들어 주신 김지우 작가가 이번에도 기꺼이 공동 작업을 해 주셨다. 깊이 감사드린다. 또한 두 번이나 연속 칼럼을 쓸 기회를 주신 국민일보에도 감사한다.

이 책이 큰 지식을 줄 수는 물론 없을 것이고 지혜의 빈약함만 다시 한번 드러내는 것이 될까 두렵다. 다만, 독자들이 새로운 생각의 실마리, 고민의 시사점을 얻어 갈 수 있으면 좋겠다. 그래서 장애인들의 지역사회 돌봄을 만들어 나가는데 작은 단초가 되고, 더 나아가 장애인과 비장애인이 어울려 사는 새로운 세상을 만드는 데 다소의 도움이라도 줄 수 있으면 좋겠다.

2026년 1월

마포 이무재(犂蕪齋)에서

김용익

차례

'돌봄법',
희망인가, 희망 고문인가

복지+보건의료 '돌봄 통합서비스' 되기는 되는 것일까

지난해 2월 '의료·요양 등 지역 돌봄의 통합지원에 관한 법률'이라는 외우기 힘든 이름을 가진 법이 조용히 국회를 통과했다. 줄여서 '돌봄통합지원법'이라니 약칭조차 너무 길다. 이를 보도한 언론은 거의 없었다. 그러나 이 법은 어쩌면 국민건강보험법, 노인장기요양보험법이나 국민연금법만큼 중요한 법이 될 수도 있다. 2년의 유예 기간을 두고 시행이 예정된 이 법에 따라, 2026년 3월 27일부터 전국의 모든 지방자치단체, 그러니까 모든 시·도와 시·군·구는 노인과 장애인에게 지역 돌봄을 '의무적'으로 실시해야 한다.

그러면 무슨 일이 일어나는 것일까. 노인과 장애인들이 의료와 복지가 연계된 새로운 서비스를 받게 될 것이다. 지금은 노인들은 '장기요양'을, 장애인들은 '활동지원'이라는 서비스를 받는다. 이름은 다르지만, 이들은 저하된 신체, 가사, 사회 활동 등을 보조하기 위한 복지 서비스 위주로 구성돼 있다.

새로운 돌봄법은 복지뿐만 아니라 보건의료를 혼합해 '비빔밥'을 만들어 주도록 정하고 있다. 의사가 방문진료를 하고 간호사가 방문간호를 한다. 각종 재활 전문가가 집으로 찾아가 방문재활도 하게 된다. 서비스의 내용이 크게 다양해지고 수준이 올라간다.

한마디로 보건과 복지가 합쳐진 '통합돌봄'을 만들어 주라는 것이다. 노인, 장애인들은 흔히 일상활동 기능이 저하되고 병에 걸리는 일이 겹치기 마련인데, 의료 전문가와 복지 전문가가 맞춤형으로 집에 찾아와 준다면 얼마나 좋은 일인가.

가까운 곳에 주간보호센터가 생겨 낮 동안 각종 프로그램과 재활, 운동을 할 수 있게 되면 시설이나 병원에 들어가야 할 일도 줄고 가족들의 돌봄 노동과 비용 부담도 줄어든다. '살던 곳에서 늙어갈 수 있는' 나라를 만든 것이다. 크게 환영할 일이다.

그렇지만 이렇게 좋은 일이 흥부의 박 타기처럼 '기와집 뚝딱, 비단옷 뚝딱' 나타날 리는 없다. 법이 되었으니 끝이 아니라, 지금부터가 시작이다. 1977년 의료보험이 시작됐을 때, 당시 보건사회부는 정말 총력을 다해 준비했다. 이번에는 '조용히' 만들어진 법이라 그런지 너무 '조용'하다.

되기는 되는 것일까. 가슴 졸여야 할 분들은 지금의 노인과 장애인이 아니라 이제 중년이 된 40·50대들이다. 잘 만들어지면 노후가 편안하고, 아니면 지금처럼 현대판 고려장이다. 희망일까, 희망 고문일까.

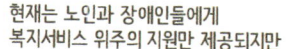
현재는 노인과 장애인들에게
복지서비스 위주의 지원만 제공되지만

장기요양   활동지원

돌봄통합지원법은 의료와 복지가 연계된
지역돌봄을 의무적으로 실시하게 한다

원 플러스 원!

복지
서비스

보건
의료

드디어 좋은 것들도
플러스로 오는구나!

의사의
방문진료!

간호사의
방문간호!

살던 곳에서
늙어갈 수 있게!

이 좋은 법은
언제부터
시행되나요?

2년의 유예기간 후
2026년 3월 27일부터
전국 시행인데

중요성에 비해 너무 알려지질 않아서
자칫하면 흐지부지될까 걱정이...

사회적
관심이
부족함

으아아
안돼

법이 되었으니 끝이 아니라
지금부터가 시작입니다

관심을 가지고 지켜보면
희망은 현실이 될 수 있습니다

돌봄과 미래

장애인에게
돌봄이란

장애가 장애가 아니게 하는 두 가지 방법

교통사고로 얼마 전부터 휠체어를 타게 된 ㄱ 씨가 심한 감기에 걸렸다. 열이 나고 기침이 멎지 않는다. 전부터 다니던 의원을 찾아 길을 나섰다. 보도는 울퉁불퉁, 건널목은 아슬아슬, 익숙한 길을 '산 넘고 물 건너' 도착했다. 아, 그런데 경사로가 없다. 있는 줄도 몰랐던 계단이 낭떠러지다. 안에는 승강기가 있건만…. 이건 한국에서 장애인의 일상이다. 낙심하는 초보 장애인 앞에 '펑' 하고 착한 도깨비가 나타나서 요술 방망이를 휘둘렀다. 그러자 보도가 평평해지고 보행자 신호는 길어지고 건물 앞에 경사로가 놓이고 승강기가 스르르 움직이더니, 눈앞에 단골 의사가 짜잔! 하고 나타났다. 이건 가상 현실이다.

이 우화의 교훈은 무엇일까. 장애인은 상황에 따라 장애인일 수도, 아닐 수도 있다는 얘기다. 의학적으로는 같은 '양하지 절단'이라도 앞의 상황에서는 장애가 심하고 뒤의 상황에서는 장애가 없다. 왜 장어가 사라졌을까. 의학적으로 장애를 치유해서가 아니라, 사회적으로 장애를 지원하는 장치를 심어두었기 때문이다. 장애인이 어려움을 극복할 수 있도록 하는 장치를 촘촘하게 심어놓을수록 장애인의 장애는 줄어든다. 좀 어렵게 말하자면 장애는 '사회적으로 결정된다.'

장애가 장애가 아니게 하는 사회적 장치에는 두 가지가 있다. 하나는 물리적 조건이다. 장애인들이 안전하고 편리하게 생활할 수 있도록 주거, 건축, 도로, 교통, 제품 등에서 장애물이 없는(barrier-free) 구조를 만들면 많은 장애가 '사라진다'. 그러나 진짜 장애물 없는 환경 조성을 위해서는 곳곳에서 세심한 주의가 필요하다. 장애물은 사라지기도 하지만 새로 생기기도 하기 때문이다. 요즘 음식점에 퍼지기 시작한 키오스크를 시각 장애인의 처지에서 생각해 보자.

두 번째 방식은 장애인들에게 대인 서비스를 제공해 주는 것이다. 뇌병변 장애인에게 풍부한 활동지원 서비스가 제공된다면 이분들의 답답한 생활에 새로운 차원이 열릴 것임은 누구나 상상할 수 있다. 시각 장애인에게, 콩팥 장애인에게, 지적 장애인에게 다양한 돌봄 서비스가 붙어 준다면 장애의 많은 부분이 더 '사라질' 수 있다.

물리적 조건의 조성만으로는 풀 수 없는 또 다른 많은 문제가 장애인을 위한 돌봄으로 풀릴 수 있다. 지역사회 돌봄 체계의 구축이 장애인 복지의 새 차원을 열어젖히는 계기가 돼야 한다. 장애인에게 돌봄은 '기적'일 수 있다.

이렇듯 장애인은 상황에 따라
장애인일 수도, 아닐 수도 있으며

장애는
[사회적으로]
결정된다!

사회적으로 장애를 지원하는 장치를 촘촘하게
심어 놓을수록 장애인의 장애는 줄어든다.

그런 사회적장치의 첫 번째는 물리적 조건으로,
장애물이 없는 배리어프리 구조가 있으며,

청각장애인을 위해
자막을 선택할 수 있게
준비했습니다

이런 물리적장애물의 경우,
사라지기도 하지만 새로 생기기도 한다.

키오스크로
주문하세요

안 보이는데

사회적 장치의 두 번째 방식은
대인 서비스를 제공하는 것이며,

뇌병변 때문에
몸을 일으킬 수도 없어

활동을
지원해드릴게요.

일어나 앉았다!
뭔가 해볼 수 있겠어!

이런 장애인들에게 돌봄 서비스가 붙어 준다면
장애의 많은 부분이 더 '사라질'수 있다.

물리적 조건 조성만으로 풀 수 없는 많은 문제가
장애인을 위한 돌봄으로 풀릴 수 있기에

기적

장애인에게 돌봄은 [기적]일 수 있다.

장애인 돌봄은
노인 돌봄과 다르다

노인 돌봄으로 장애인 돌봄 갈음할 수 있다는 생각은 버려야

똑같아 보이는 그림 두 개를 나란히 놓고 차이점을 찾는 놀이를 누구나 몇 번은 해봤을 것이다. 처음엔 재미를 위해 만들었겠지만, 요즘은 아이들 지능 개발용으로, 노인의 치매 예방을 위한 '두뇌 운동'으로도 널리 쓰이고 있다. 유튜브에서도 쉽게 찾아볼 수 있고 이따금 카톡으로 날아오기도 한다.

새로 만든 돌봄법은 "노쇠, 장애, 질병, 사고 등으로 일상생활에 어려움을 겪는 사람이 살던 곳에서 계속하여 건강하게 생활할 수 있도록 의료·요양 등 돌봄을 통합 지원하는 것"이 목적이라고 밝히고 있다. 꼭 법 규정이 아니더라도, 노인과 장애인은 당연히 지역사회돌봄의 가장 중요한 목표 집단이다. 두 집단 모두 일상생활 기능에 어려움을 겪는 것은 같지만 그렇다고 차이점이 없을 리 없다. 그런데 무엇이 다른 것인가, 알쏭달쏭하다. 이 둘의 같음과 다름을 명료하게 하는 것은 장애인 돌봄의 모형을 구상하는 중요한 출발점이 된다.

노인은 '65세 이상의 인구'이고 장애인은 '등록장애인'이다. 즉, 장애인은 출생부터 노인까지 모든 연령에 분포한다. 우선 이 점이 중요하다. 노인이 식사, 옷 입기 등 일상생활의 지원이 주로 필요한 데 비해 장애인, 특히 젊은 장애인은 일상생활뿐 아니라 교육, 고용, 문화, 교통 등 사회생활과 관련된 지원이 많이 필요하다.

둘째, 노인은 주로 노쇠의 축을 중심으로 기능 저하가 악화하지만, 장애인은 장애 유형별로 처음부터 천차만별의 돌봄 욕구를 가진다. 노인은 줄자와 같은 1차원 축 위에 놓여 있으면서 각종 노인성 질환으로 가지를 쳐가는 다양성을 보인다. 이와 달리 장애인은 가로세로가 있는 2차원 바둑판 위에 다양한 욕구가 널리 퍼져 있다. 이 차이를 분명히 인식해야 장애인 돌봄에 대한 정책 구상이 가능하다. 노인 돌봄으로 장애인 돌봄을 갈음할 수 있다는 생각은 버려야 한다.

여기서 노인은 과연 같은 집단인가 의문도 생긴다. 65~74세의 전기, 75~34세의 중기, 85세 이후의 후기 고령자가 다 같을 리 없다. '젊은' 노인은 사회활동에 대한 욕구가 많고 개성을 존중받으려는 욕구도 강하다. 중기, 후기를 거치면서 돌봄 욕구는 변해간다. 장애인의 돌봄 욕구가 다양하다는 개념이 노인에게도 적용돼야 하는 시대가 됐다. 노인에게는 일상생활 지원만 해 주면 된다는 것은 이미 낡은 생각이다. 노인 돌봄도 이참에 다시 설계해야 한다.

장애인의 경우 젊은 연령대의 사람들에게는 사회생활과 관련된 지원이 많이 필요합니다.

교육 고용 문화 교통 ...

똑같이 학생이고, 취준생이고 사회초년생이니까요.

두 번째로 노인은 노쇠의 축을 중심으로 기능이 저하되지만

약해지고, 침침해지고... 늙어가는 건 다들 비슷혀~

뭐라고?

장애인은 15개 장애 종류별로 처음부터 천차만별의 돌봄 욕구를 가진다.

앞이 잘 안 보이는 것과 호흡기가 불편한 건 완전 다른 문제!

이러한 차이를 분명히 인식해야 장애인 돌봄에 대한 정책 구상이 가능하며

이걸로 대체할 수 있는 자리가 전혀 아니었구나!

노인돌봄 장애인 돌봄

동시에 노인 돌봄 또한 다양한 층위가 있다는 것도 이 기회에 함께 생각해봐야 한다.

요즘 세상에 65세랑 85세는

전혀 다른 집단이니까!

노인 돌봄과 장애인 돌봄의 같음과 다름을 명료하게 하는 것은

장애인 돌봄의 모형을 구상하는 중요한 출발점이 됩니다.

돌봄과 미래

장애인의 돌봄 욕구는
천차만별

시각-지적 장애인 돌봄은 달라야… '맞춤형 서비스' 필요

"장애의 종류는 몇 가지일까?" 이 질문에 선뜻 답할 사람은 거의 없을 것이다. 정부가 정한 소위 '등록 장애'의 종류는 15가지다.

크게 신체적 장애와 정신적 장애로 나뉘고 신체적 장애는 다시 밖으로 보이는 외부 장애와 겉으로는 보이지 않는 내부 장애로 구분된다. 외부 장애는 지체, 뇌 병변, 안면 장애 등과 시각, 청각, 언어 장애 등이다. 일반적으로 생각하는 장애인이 대부분 이 분류에 속한다. 그래서 장애인 주차 구역에는 휠체어를 타고 있는 지체 장애인이 픽토그램으로 그려져 있다. 1999년 새로 지정된 내부 장애는 심장, 호흡기, 간, 콩팥의 기능이 떨어지거나 뇌전증이 있거나 암으로 장루·요루를 시술한 경우이다. 장애인을 구성하는 또 다른 집단은 정신적 장애다. 이에는 조현병 등 정신 장애와 지적 장애, 자폐성 장애 같은 발달 장애가 들어 있다.

장애인 돌봄의 어려움을 조금이라도 드러내 보이자니 설명이 이렇게 장황해진다. 돌봄을 당사자가 일상생활과 사회생활에서 겪는 어려움을 지원하는 방식이라고 한다면 우선 돌봄의 '욕구'를 상세히 파악하고 이를 충족하는 서비스를 구성해야 함은 당연하다. 그 욕구는 장애 유형에 따라 엄청나게 다양하다.

시각 장애인과 지적 장애인이 각각 무엇을 필요로 할지 상상해 보자. 시각 장애인은 흔히 생각하듯 길 안내에 그치지 않고 식사, 청소, 적당한 옷 고르기, 나아가서는 대필하기, 읽어 주기 등을 원한다. 지적 장애인은 식사, 청소, 빨래는 물론 대중교통 이용하기 등의 지원이 필요하다. 장애 연금을 받으면 어떻게 써야 할 줄을 몰라서 금전 관리도 지원해야 한다.

똑같이 휠체어를 타고 있지만 다리를 다친 분과 척수를 다친 분이 필요로 하는 일은 다르다. 요추를 다친 분들은 다리를 못 쓰는 것은 물론 배뇨·배변의 어려움이 크다. 화장실에 가서 한 시간씩 애를 써야 하는 고통을 생각해 보라. 경추를 다친 분들은 손까지 쓰기 어렵다. 뇌성마비로 뇌병변 장애가 생기면 전신의 근육에 경직, 경련이 있을 수 있고 경우에 따라 대화도 힘들다. 이분들은 모두 목욕하기도 어렵다.

<주> 장애인의 욕구에 대해 한국장애인개발연구원 서해정 박사의 조언을 받았음.

장애인들은 유형, 원인, 기능 저하 상태에 따라서 '진짜' 맞춤형의 돌봄 서비스를 제공해야 한다. 그런데 더 큰 문제는 아직 장애 유형에 따른 돌봄 욕구를 종합적으로 파악하지 못하고 있다는 것이다. 그러니 장애인 돌봄이 첫걸음을 떼지 못하고 있다.

정신적장애에는 지적장애와
발달장애 등이 있다.

가나다

?

조현병 등의
정신장애도 포함!

- 양극성장애
- 조현병, 우울장애
  ⋮

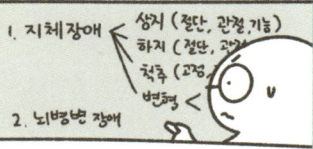

정부가 정한 소위 등록장애의 종류만
15가지이고 여기서 더 세분화되며,

1. 지체장애 상지 (절단, 관절,기능)
           하지 (절단, 관…
           척추 (고정…
           변형 <

2. 뇌병변 장애

이렇게 유형이 다양하니
필요한 돌봄의 유형 또한 다양한데,

시각장애인의 경우 식사 청소 등의
기본적인 것 외에도

길안내, 적당한 옷 고르기,
대필하기등을 부탁해요

지적장애인의 경우 장애연금을
어떻게 써야 할 줄 모를 경우도 있어
금전 관리도 지원해야 하며

?

가계부

다리를 다친 분과
척수를 다친 분 또한
상황이 전혀다르다

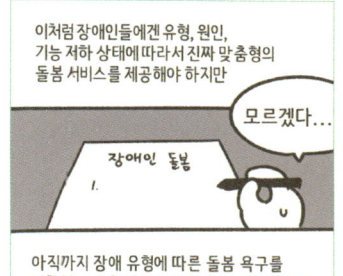

이처럼 장애인들에겐 유형, 원인,
기능 저하 상태에 따라서 진짜 맞춤형의
돌봄 서비스를 제공해야 하지만

모르겠다…

장애인 돌봄

1.

아직까지 장애 유형에 따른 돌봄 욕구를
정확하고 종합적으로 파악하지 못하고 있다.

장애 유형에 따른 돌봄 욕구를 먼저
정확하고 종합적으로 파악해야

장애인 돌봄이비로소
첫걸음을 뗄 수 있을 것이다.

돌봄과미래

장애인도
주권이 있다

자신이 원하는 서비스를 고를 수 있어야

'소비자는 왕', '소비자 주권'이라는 말을 흔히 듣는다. 왕이라니 뿌듯하기는 하지만 사실 이 말은 절반만 참이고 절반은 거짓이다. 먹거리를 사거나 옷을 살 때는 상당히 왕이 된 것 같지만 병원에서 의료서비스를 이용할 때 소비자 주권을 행사할 사람은 아무도 없다. 그래도 시장이 소비자 선택으로 돌아간다는 것은 크게 보아 틀린 말이 아닌 것 같다.

그러면 "장애인이나 노인도 돌봄 서비스 시장에서 왕 노릇을 하고 있을까?" 이렇게 물으면 가슴이 '턱!'하고 막힌다. 장애인이 언감생심 '왕'이기는 하는가.

돌봄 서비스는 당사자와 제공자가 직접 만나는 그 현장에서 둘이 관계를 맺어가면서 만들어지는 것이다. 마치 음식점에서 된장찌개를 직접 만들어 파는 것과 같다. 고객은 음식이 맛이 없으면 그

식당에 다시는 안 간다. 마찬가지로 장애인도 돌봄 제공자를 마음대로 바꿀 수 있을까. 현실에서 돌봄 서비스는 종류나 공급자가 다양하지 않아 고르고 자시고 할 수가 없다. 주는 대로 먹어야 하는 구내식당 밥 같다. 그런데 장애인의 입맛은 유난히 천차만별이다. 뇌병변 장애인이 먹어야 할 '밥'과 발달 장애인이 먹어야 할 '밥'은 엄연히 다른데도 구할 수 있는 것이 늘 같은 밥이라면 맛이 있을 리 없다.

시장 실패의 원인으로 흔히 '정보의 비대칭성'을 든다. 그러나 자기주장을 하기 어려운 아동, 노인, 장애인에게는 이를 넘어 '권력의 비대칭성'이 광범위해서 인권 유린과 획일적 돌봄의 바탕이 된다. 이들은 어떤 서비스를 받겠다고 할 권리도 부족하지만 받고 싶지 않은 서비스를 거절할 권리는 더더욱 없다. 나는 이런 시설에 안 들어가겠다, 이런 획일적 생활은 하지 않겠다고 딱 부러지게 말할 수 있을까.

일부 장애인은 자신이 원하는 것을 판단하는 것 자체가 불가능하다. 이 경우 가족이 대변하기도 하고 그마저 어려우면 성년후견인제도를 활용한다. 장애인 본인의 선택권을 늘리기 위해 개인 예산제의 도입도 검토되고 있다. 장애인이 일정한 액수의 예산을 할당받아 자신이 원하는 서비스를 골라 이용하는 것이다. 독일, 영국,

네덜란드, 미국, 캐나다, 호주 등이 이미 실시하고 있다.

이 모든 제도는 장애인의 의사를 존중하려는 사회적, 정책적 인식이 강화되고, 다양한 양질의 서비스가 장애인 앞에 넓게 펼쳐져 있는 것을 전제로 한다. 장애인도 당당한 '왕'이 되어 주권을 행사할 수 있는 날을 만들어 보자.

슬프게도 현재 장애인이나 노인을 위한
돌봄서비스 시장은 이 예외에 해당한다.

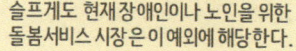

내가
소비잔데

주권이
없어

일단 종류나 공급자가 다양하지않아
소비자가 선택할 수가 없고,

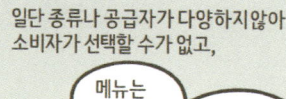

메뉴는
하나뿐임

장애의 종류가
다 다른데...

자기주장을 하기 어려운 약자의 특성상
권력의 비대칭성이 생긴다.

불만
있어요?

있어도
말할 수가...

이런 문제를 해결하기 위해
다양한 제도가 생기고 있는데,

판단 자체가 어려운 장애인은
가족이 대변하거나
성인 후견인 제도를 활용!

독일, 영국, 네덜란드, 미국, 캐나다, 호주 등에선
개인 예산제를 이미 실시하고 있다.

장애인이 일정한 액수의 예산을 할당받아
자신이 원하는 서비스를 골라 이용

나도 소비자로서
선택할 수 있어!

이를 위해선 먼저 장애인의 의사를 존중하려는
사회적 정책적 인식이 강화되고
다양한 양질의 서비스가 마련되어야 한다.

음성해설

장애인도 소비자 주권을 행사할 수 있는 날을
함께 만들어보자.

장애인에게
가족은 무엇인가

가족 돌봄의 한계를 정하고, 사회·국가가 함께 책임을

'헬스장 청소로 생계를 이어가던 60대 청각장애 어머니를 마중 나왔던 40대 지체 장애 아들이 교통사고를 당해 어머니는 숨지고 아들은 중상을 입었다. 전동 휠체어를 타던 아들은 어머니를 편히 모시기 위해 무릎 위에 앉도록 한 뒤 이동하다가 사고를… 경찰은 보도블록이 울퉁불퉁한 데다 가로수와 소화전 등으로 인도로 가기 어려워 차도를 이용한 것으로 보고 있다.' 몇 년 전 국민일보에 실렸던 가슴 아픈 기사다.

장애인에게 가족은 무엇일까. 가족은 경제적 부양과 심리적 지지를 맡아 주는 존재다. 장애인이 필요로 하는 것을 가장 정확히 이해하고 제공해 주는 돌봄의 일차적 제공자이기도 하다. 많은 중증 장애인에게 가족은 문자 그대로 삶의 기반이다.

그러나 장애인 가족의 삶은 쉬운 것이 아니다. 가족들은 장애인에 대해 애정을 느끼는 동시에 책임감과 죄책감, 보람과 부담의 양가 감정을 갖고 있다. 돌봄의 부담이 커지면 자신의 생활에 어려움도 커진다. 때로는 장애인을 위해 자신의 인생을 온전히 포기하기도 한다. 전형적으로 최중증 장애인의 어머니와 아내가 그렇다.

가족의 희생을 언제까지나 미화하고 지나갈 수는 없다. 가족의 돌봄이 가장 좋은 돌봄일 수 있고 가족의 역할이 존중돼야 한다 는 주장이 틀린 말은 아니다. 그렇다고 이것이 가족에게 책임을 은근슬쩍 미루고 사회적 책임을 한없이 연기하는 이유가 될 수는 없다. 그래서 가족이 맡아야 할 돌봄의 한계를 명확히 할 필요가 있다. 장애인을 돌보기 위해 가족이 자신의 삶을 버리게 해서는 안 된다. 장애인을 위해 들이는 비용 때문에 가계가 가난에 빠져 서는 안 된다.

가족의 돌봄 노동은 자기의 삶을 희생하지 않는 선에서, 가계의 돌봄 비용은 기존의 생활 수준을 떨어뜨리지 않는 수준으로 제한 돼야 한다. 가족들의 역할은 장애인과의 정서적 유대감, 안정감, 안전과 보호, 긴급 대처, 대리 결정 등 가족만이 할 수 있는 일로 국한돼야 한다.

<자료> 배지영 기자, "“엄마 힘들었지” 함께 귀가하던 장애인 모자 교통사고 참변", 국민일 보 2019.2.26

그 이상의 역할은 지역사회돌봄을 통해 나라와 사회가 책임을 맡아 주어야 한다. 노인 부모를 노인 자식이 모시는 '노노 돌봄'이니, 아직 직장에 자리도 잡지 못한 어린 자식이 부모를 모셔야 하는 '영 케어러' 같은 일이나, 심지어 돌봄 부담을 견디지 못해 장애인이나 노인을 죽여야 하는 '간병 살인' 같은 일이 더 이상 방치될 수는 없다. 가족 돌봄은 가족이 '할 수 있는 일'의 범위 안에 있어야 한다.

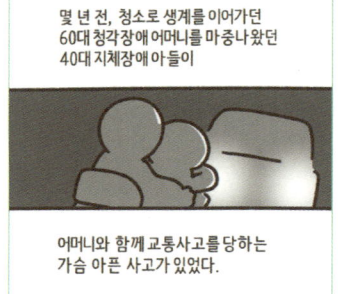

하지만 그만큼 장애인 가족의 삶은 많은 면에서 어려움이 따르며,

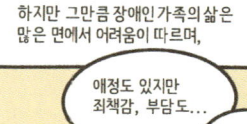

애정도 있지만 죄책감, 부담도…

때로는 장애인을 위해 자신의 인생을 온전히 포기하기도 한다.

가족의 돌봄이 가장 좋은 돌봄일 수 있고 가족의 역할은 반드시 존중되어야 하지만

짱 책임

그렇다고 가족에게 책임을 슬쩍 미루고 사회적 책임을 한없이 연기해선 안 된다.

그래서 가족이 맡아야 할 돌봄의 한계를 명확히 할 필요가 있다.

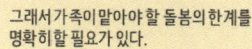

가계의 돌봄비용은 기존의 생활 수준을 떨어뜨리지 않는 수준으로 제한되어야 하고,

장애인 가족들이 돌봄노동으로 본인들의 삶을 희생하지 않도록

정서적 유대, 안전과 보호, 긴급대처, 대리 결정 등 가족만이 할 수 있는 일로 가족의 역할을 국한해야 합니다.

그 이상의 역할은 지역사회돌봄을 통해 나라와 사회가 책임을 맡아 주어야 한다

그게 나라와 사회가 존재하는 이유잖아요?

돌봄 서비스 왔습니다

살겠다!

돌봄 부담을 견디지 못해 벌어지는 비극들을 더이상 방치할 순 없다.

가족 돌봄은 가족이 '할 수 있는 일'의 범위 안에 있어야 한다.

돌봄과 미래

장애인의 키를
재주는 나라

장애인들이 자력으로 접근할 수 있는 병·의원 몇 개나 될까

건강보험공단 이사장 시절, 장애인 건강검진 수검률이 유난히 낮은 이유를 알기 위해 심층 조사를 한 적이 있었다. 조사 보고서에 "나는 한 번도 키와 몸무게를 재 본 일이 없다"라는 기막힌 기록이 있었다. 두 다리나 척수를 다친 장애인은 긴 널판에 누워 '길이'를 재고 '무게'도 재야 하는데, 이분은 그런 장비를 갖춘 병원을 한 번도 만나지 못한 것이다. 서울의대 교수 때는 학생들과 이런 프로젝트를 한 일이 있었다. 학교가 있는 서울 종로구의 의원 중에서 휠체어를 타고 제힘으로 진료실에 가서 앉을 수 있는 곳이 몇 %나 될까 조사하는 것이었는데, 결과는 10%였다. 이 상황이 지금도 맞는다면 휠체어 탄 장애인에게 동네 의원의 수는 3만 6,685개(2024년 기준)가 아니라 3,668개다. 아마 크게 틀리지 않을 것이다.

좋은 보건의료의 조건으로 첫손 꼽는 것이 '필요하면 누구나 언제 어디서나 의료를 받을 수 있는 접근성'을 갖춰야 한다는 것이다. 접근성을 저해하는 원인으로는 지리적 불균형과 경제적 장벽이 가장 중요하다. 한국은 이 점에서 상당히 양호하다. 의료기관은 전국에 분포해 있고 건강보험은 진료비를 크게 낮추어 준다. 고쳐야 할 부분이 많기는 해도 남아시아, 라틴 아메리카, 아프리카 등에 비교할 바는 아니다.

그러나 장애인의 의료기관 접근성에는 비장애인과 달리 특수하고 심각한 문제가 있다. 지체·시각 장애인들이 많은 위험을 넘어서 자신의 힘만으로 도달할 수 있는 병·의원의 수는 정말 몇 개나 될까. 소통이 문제 되는 청각 장애인에게 수어 통역을 제공하는 병원은 손가락으로 꼽을 만하다. 정신·발달·뇌병변 장애인들을 치료해 주는 치과는 전국에 454개가 있다. 보건복지부는 장애 친화 산부인과를 전국에 10개 지정해 두고 있다. 이건 아프리카 수준의 지리적 분포가 아닌가.

콩팥 장애인들은 일주일에 3번쯤 투석을 한다. 늘 엉망진창인 팔을 부여안고 피로, 어지러움, 구역질, 무기력, 우울을 버티며 병원을 오간다. 오죽하면 이들이 꼽은 돌봄 필요 1순위가 이동 지원

<자료>
1. 대한치과의사협회. "장애인 구강진료센터 및 일반개원 치과의원" 자료. 2025 기준
2. 국립재활원. "보건복지부 지정 장애친화 산부인과" 자료. 2024.12 기준

일까. 이동 수단은 유형에 상관없이 모든 장애인에게 심각한 문제다. 이 모든 상황을 장애인은 스스로 극복하면서 의료에 접근해야 한다. 그것은 가족의 돌봄 부담, 비용 부담, 경제적 장벽으로 나타나기도 한다.

장애인도 필요할 때는 필요한 곳에서 키를 잴 수 있어야 한다. '키를 재주는' 나라가 되자.

결과는 10%로, 이 상황이 지금도 맞는다면 휠체어를 탄 장애인에게 동네의원의 수는

1/10...

36,885개(2024년 기준)가 아닌 3,668개 뿐인 것이다.

의료 접근성 면에서 한국은 상당히 양호한 편이지만,

건강보험으로 비용 부담도 적고!

의료기관도 전국에 분포해 있고!

장애인의 의료기관 접근성에는 특수하고 심각한 문제가 있다.

정신장애, 발달장애, 뇌병변장애인들을 치료해 주는 치과는

1만 개 이상의 치과들 중 400개 쯤 있다고 하고,

수화 통역을 제공하는 병원은 손가락으로 꼽을 만 하고,

복지부 지정 장애친화 산부인과는 전국에 10개 뿐!

이 모든 상황을 장애인들은 스스로 극복하면서 의료에 '접근'해야 하고

병원에 어떻게 가나? 택시비는 비싼데...

그것은 가족의 돌봄 부담, 비용 부담, 경제적 장벽으로 나타나게 된다.

장애인도 필요할 때는 필요한 곳에서 키를 잴 수 있어야 한다.

'키를 재 주는' 나라가 되자.

'장애 살이'는 돈이 든다

교통부터 병원비까지… 비장애인보다 더 써야 하는 장애인

장애를 갖고 살아가는 데는 돈이 많이 든다. 쓰고 싶어서 쓰는 것이 아니라 어쩔 수 없이 쓰는 돈이다.

우선, 자주 아프다. 장애 자체도 문제지만 건강이 안 좋으니, 병치레가 잦다. 내부 장애가 있으면 먹는 것도 가려야 한다. 어린 장애인들은 보육과 교육의 비용이 가외로 필요하다. 젊은 장애인들은 직장을 구하기도 어렵지만 취직을 해도 통근이 만만치 않다. 남들은 안 쓰는 보조기기를 사야 하고 특별한 차도 필요하다. 때론 집도 고쳐야 한다. 일상생활이 어려운 데다 사회인으로 구실을 해 나가려면 '생활 원가'가 남달리 든다. 이렇게 돈을 들여도 비장애인을 따라잡을까 말까다.

2023년 장애인 실태조사에 의하면 장애로 인해 드는 추가 비용은 월평균 17만 원이었다. 비중이 큰 항목은 의료 5만 8천 원, 보호·간병 2만 8천 원, 교통 2만 4천 원 등이다. 여기에 보육, 교육, 보조기기, 장애 관련 식대 비용도 더 든다. 교통이라면 지체 장애인이 떠오르겠지만 자폐, 뇌병변, 뇌전증, 언어 장애와 심장·콩팥 등 장애인들이라면 모두 다 교통비 부담에 시달린다.

가장 부담이 큰 자폐성 장애인은 추가 비용이 월 60만 3천 원인데 그중 보육·교육비가 23만 천 원이었다. 어린 자식을 위한 부모의 마음이 안쓰럽다. 자폐 다음으로 뇌병변, 콩팥, 지적, 언어, 간 장애인들이 25~32만 원을 더 지출했다. 가장 적게 든 청각, 시각, 정신 장애인도 7~10만 원을 더 썼다고 한다.

그러면 장애인 가구들은 이 돈을 벌어서 보충할 수 있을까. 물론 아니다. 장애인 가족은 이들을 돌보기 위해 취업을 포기하는 일이 많다. 그렇게 키운 장애인은 성장해도 근로 소득을 충분히 올리지 못한다. 장애인 가구는 장애가 없었더라면 더 벌 수도 있었을 기회 소득을 이래저래 잃는 일이 많다는 뜻이다. 그 결과 2023년 전국 가구는 월평균 483만 4천 원을 벌었는데, 장애인 가구는 305만 8천 원을 벌었다. 63.3% 수준이다. 그래도 추가 비용은 평생 나간다. 이런 돈을 매달 쓰면서 쪼들리지 않을 집은 없다. 적게 벌어 많이 쓰는 장애인 가구의 가난은 이렇게 구조화돼 있다.

<자료> 이민경 등(2024). 「2023년 장애인 실태조사」, 보건사회연구원

장애인 연금에는 '부가 급여' 제도가 있다. 장애로 인한 추가 비용을 정부가 지원해 주는 항목이다. 2025년 기초생활보장 수급자 9만 원, 차상위계층 8만 원, 그 이상의 일반 가구에는 3만 원을 매달 보전해 준다.

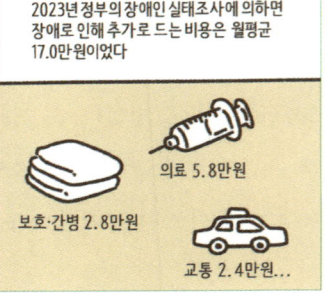

조사에서 가장 부담이 큰 분들은
자폐성 장애의 경우였고,

추가 비용
월 60.3만원

그 중 보육·교육비가
23.1만원…

그 뒤는 뇌병변, 콩팥, 지적, 언어,
간 장애의 경우였으며

월 25~32만 원의
추가 비용이…

가장 적게 든 청각, 시각, 정신장애의
경우도 7~10만원을 더 썼다고 한다.

게다가 이렇게 소요되는 비용을
벌어서 보충하기도 어렵다.

장애가 있으면
취업해 일하기 어렵고,

본인

가족

우리도 돌보기 위해
취업을 포기했고…

장애인 가구는 장애가 없었더라면 더 벌 수 있던
기회소득을 잃는 일이 많다는 뜻이고,

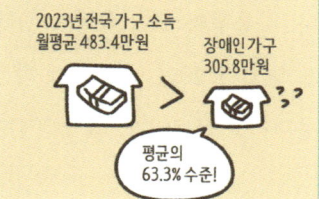

2023년 전국 가구 소득
월평균 483.4만원

장애인 가구
305.8만원

평균의
63.3% 수준!

소득은 적고 추가 비용은 평생 나가기에
장애인 가구의 가난은 구조화되어 가고 있다.

장애인 연금에
부가급여가
있긴 하지만…

매월
수십만원

기초생활수급자 9만원
차상위계층 8만원
일반 가구 3만원

장애를 가지고 살아가는 데는
돈이 많이 든다.

쓰고 싶어서 쓰는 것이 아니라
어쩔 수 없이 쓰게 되는 돈이다.

어린 장애인들의
고통스러운 성장기

장애·비장애 아동 함께 웃는 교실에서 차별 없는 사회가 탄생

"우리 반에는 발달 장애인 학생들이 있었다. 한 반에서 수업 듣는 것이 이해되지 않았다. '방해만 되잖아요. 빨리 특수반에 갔으면 좋겠다는 생각을 많이 했어요.' 장애 학생들은 놀림감이 되곤 했다. 따돌림과 언어 폭력이 횡행했지만 제동을 거는 학생도 교사도 없었다. 10여 년간 장애 학생들과 한 교실에서 지냈는데 함께 무언가를 한 기억은 없다."(경향신문, 2024)

장애 유형의 분포는 나이에 따라 다르다. 전체 장애인 중에는 지체 장애인이 가장 많지만, 아동·청소년기에는 지적, 자폐성, 뇌병변 장애 등이 압도적으로 많다. 2023년 0~19세 장애인 9만 1,988명 중 다운증후군 등 지적 장애는 48%, 자폐성 장애는 21%, 뇌성마비 등으로 인한 뇌병변 장애는 12%를 차지했다. 지적 장애는 지적 능력의 발달이, 자폐성 장애는 대인관계의 형성과 언어 능력 발달이 지체된다. 그래서 이 둘을 합쳐 '발달 장애'라 부른다.

뇌병변 장애는 뇌의 일부가 손상돼 근육이 긴장되거나 지체가 뒤틀리기도 하고 언어 장애 등과 겹칠 수도 있다.

어린 시절은 몸과 마음이 성장하면서 학습 능력을 형성하고 사회화되는 중요한 시기다. 하필 이때 인생의 기초 작업을 방해하는 장애 유형이 많이 발생하는 것은 참으로 안타까운 일이다. 발달·뇌병변 아동은 친구들과 같이 놀고 떠들고 공부하기가 어렵다. 시각, 청각, 언어 장애 아동도 학습이 어렵고 어울리지 못하기는 마찬가지다.

성장 발육이 진행돼야 할 시기에 장애가 이를 가로막는 모순을 풀어주는 데 중요한 제도가 보육과 교육이다. 장애 아동의 성장 발육과 학습을 지원하고 비장애 아동과 자연스럽게 사귀며 사회성을 획득하게 하는 것이 목표다. 비장애인 아이들은 장애인 아이와 어울리며 인격을 성숙시켜 나간다. 한없이 과다해지는 돌봄의 부담으로부터 부모와 가족을 풀어주는 것도 큰 임무다.

그러나 앞의 사례에서 보듯, 교실에서 나타나는 현실은 너무 막막하다. 장애 아동을 어린이집이 데리고 있다고, 학교가 가르친다고,

<자료>
1. 박하얀·오동욱 기자, "우리 반에는 장애인이 있다, 아니 없다['장애'를 지우는 교실]", 경향신문 2024.4.19
2. 이민경 등(2024). 「2023년 장애인 실태조사」, 보건사회연구원

비장애 아동과 섞어 놓는다고 풀리는 것은 아니다. '교육권 보장 확대, 특수 학교 및 특수 학급 확대, 특수교사 적정 정원 확보.' 이번에 새 정부를 출범시킨 민주당의 장애인 공약 중 한 구절이다.

진정 차별 없는 사회는 장애인과 비장애인 어린이가 깔깔대고 어울려 노는 교실에서 탄생할 게 분명하지만, 이 작은 공약이 정말 작은 희망이 되어 주려나.

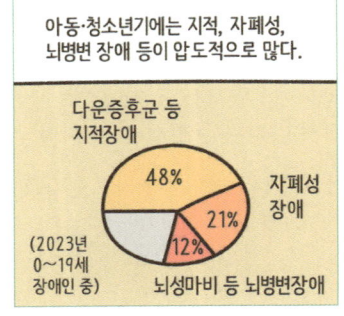

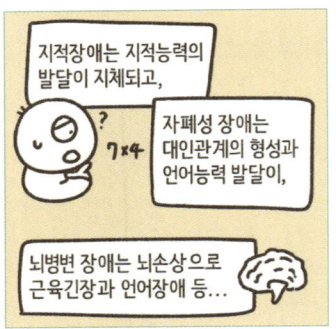

어린 시절은 몸과 마음이 성장하면서
학습능력을 형성하고 사회화되는
아주 중요한 시기인데

하필 이때 인생의 기초작업을 방해하는
장애유형이 많이 발생하는 것이다.

이때 결정적으로 중요한 제도가
보육과 교육이다.

장애아동의 성장발육과
학습을 지원하고

비장애아동과 사귀며
사회성을 획득하도록!

하지만 교실의 현실은 너무 막막하다.

장애아동을 어린이집이
데리고 있다고,

비장애아동과 섞어 놓는다고
다 풀리는 것은 아니에요.

"방해만 되잖아요. 빨리
특수반에 갔으면 좋겠다는
생각을 많이 했어요."

따돌림과 언어 폭력이 횡행했지만
제동을 거는 학생도, 교사도 없었다.
10여년간 장애 학생들과 한 교실에서
지냈는데 함께 무언가를 한 기억은 없다.
(경향신문, 2024. 4. 19)

이번에 새 정부를 출범시킨 민주당의
장애인 공약 중에는 이런 것들이 있다.

교육권
보장 확대

특수학교 및
특수학급 확대

특수교사
적정정원 확보

작은 희망을
가져도 될까?

'진정으로 차별 없는 사회'가
어디에서 태어날 것인 지는 분명한데,

그건 장애인과 비장애인 어린이가
깔깔대고 어울려 노는 교실일 것이다.

돌봄과 미래

장애인도
일자리가 필요하다

빈곤의 악순환 끊는 장애인 고용, 대기업들이 더 냉정했다

나이를 들면서 장애의 유형은 변해간다. 아동기에 71%를 점하던 발달 장애는 20~39세에서는 51%로 줄고, 그 이후에는 찾아보기 어렵다. 조기노화, 조기사망 현상 때문이다. 염색체 이상이 있는 다운증후군은 생물학적 요인이 강하지만, 자폐성 장애는 건강을 스스로 돌보기 어려운 사회적 요인이 더 중요하다. 반면 어려서는 4%에 불과하던 지체 장애가 20~39세에서는 19%, 40~59세에는 48%로 대폭 증가한다. 도로, 산업장 사고와 근육, 관절, 신경계 의 각종 질환이 원인이다. 시각과 정신 장애도 상당히 증가한다.

이 시기 장애인들에게 가장 큰 과제는 안정된 일자리를 찾는 것 이다. 일자리는 결혼, 출산, 주거, 문화·여가를 위한 소득원이자, 자존감, 자율성을 가지고 사회에 참여할 수 있는 인간다움의 기 반이다. 지체, 감각, 뇌병변 장애인의 대부분은 다른 청·장년들과 똑같은 고용의 욕구가 있다. 일부 중증 뇌병변, 발달, 정신 장애인에게 고용은 치유와 돌봄의 수단이기도 하다. 장애 정도가 가벼울수록 직장의 성격이 강하고, 심할수록 돌봄이 중요해진다.

사회적으로 장애인의 고용은 배제, 빈곤, 질병, 추가적 비용 발생의 악순환을 끊는 핵심 고리이다. 장애인이 중산층이 되느냐, 빈곤층이 되느냐는 고용에 달려 있다. 그래서 정부는 고용장려금, 시설·장비 지원금을 주고 세제 감면까지 해 주면서 장애인 고용을 유도한다. 반대로 의무고용률을 설정해 두고, 미달하면 부담금을 부과한다.

그러나 고용주들은 냉정하다. "장애인은 무능하다"라는 것이 고정 관념이다. 의무고용률은 공공이 3.8%, 민간이 3.1%다. 2024년 공공은 3.9%, 민간은 3.0%를 고용했다. 대기업일수록, 엘리트 의식이 강할수록 장애인을 기피한다. 작년 가을 국감 자료를 보도한 뉴시스(2024)에 의하면, "장애인 고용 부담금을 가장 많이 낸 기업은 462억을 내 삼성이고, 현대자동차 210억, LG 119억, CJ 93억, 한진 81억 등이 뒤를 이었다." 모두 한국 경제를 이끄는 최고의 대기업들이다.

<주요 자료>
1. 보건복지부, "장애인 등록 현황", 2022.12.31 기준
2. 고용노동부 보도자료, "의무고용 현황으로 본 장애인 일자리 상황" 2025.4.28.
3. 뉴시스, "장애인 고용률 낮은 대기업 1위는 'DL'…부담금 1위는 삼성", 2024.10.25.

더 기막힌 것은 정부 조직의 장애인 고용률이 2024년 3.86%였는데 공무원은 2.86%, 비공무원(공무직, 기간제, 계약직 등)은 6.14%였다는 것이다. 이쯤 되면 "차별의 평범성"이라고 불러야 하나? 결과적으로 장애인의 경제활동참가율은 38.8%로 전체 인구 64.7%의 약 절반이다.

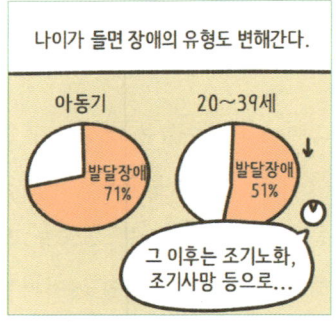

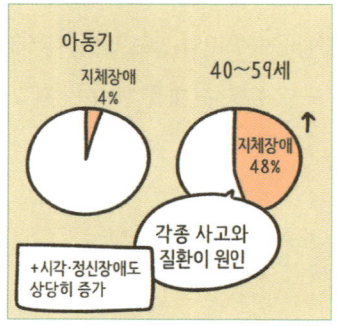

지체, 감각, 뇌병변 장애인의 대부분은
다른 청장년들과 똑같은 고용의 욕구가 있고

일부 중증 장애인에게 고용은
치유와 돌봄의 수단이기도 하다.

사회적으로 장애인의 고용은 배제, 빈곤 등의
악순환을 끊는 핵심 고리이다.

정부

그래서 고용장려금,
세제 감면 등으로
고용을 유도하고

당근

의무고용률을 설정해
미달하면 부담금 부과!

채찍

그러나 고용주들은 장애인은 무능하다는
고정관념에 사로잡혀 있고,

	의무고용률	실제 고용률(2024년)
공공	3.8%	3.9%
민간	3.1%	3.0%

아슬아슬하고,
미달되고…

대기업일 수록, 엘리트 의식이 강할수록
장애인을 더 기피한다.

부담금을 내더라도
고용하지 않겠어!

우리도!

A기업

462억

210억

B기업

더 기막힌 것은 정부 조직의 2024년
장애인 고용률이다.

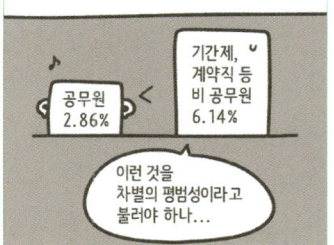

공무원
2.86%

<

기간제,
계약직 등
비 공무원
6.14%

이런 것을
차별의 평범성이라고
불러야 하나…

장애인의 경제활동참가율은 38.8%.

이는 전체인구 64.7%의
약 절반 정도밖에 되지 않는다.

고령 장애인은
돌봄 정책의 새로운 핵심

고령과 장애의 이중 부담을 지면서 갈 곳이 없는 고령 장애인

노년에 들어서면서 장애의 구성은 크게 변화한다. 뇌졸중, 파킨슨병 등에 의한 뇌병변도 상당히 증가하고 감각 장애가 확대된다. 시각 장애도 늘지만 청각장애 증가는 가위 폭발적이다. 청·장년에서는 5~6% 정도이던 청각장애가 80대를 넘어서면 37% 수준에 달한다. 우리 주변에서도 귀가 들리지 않게 된 노인을 흔히 만날 수 있다. 어려서 청력을 잃은 장애인과 달리 이들은 수어를 배우지 않는다. 보청기가 건강보험 지원을 받지만 익숙해지지 않아 포기하는 일도 많다. 이러면 자녀, 친구, 이웃과 단절되고 외로움 속으로 빠져든다.

2024년 전체 등록장애인 중 65세 이상 비율은 55.3%이고, 수는 무려 145만 5,782명이다. 같은 해 전체 인구 중 노인 비율이 19.2%인데 비하면 놀랍도록 높은 수준이다. 이유는 노인층에서 새로운 장애가 많이 생기기 때문이다. 20~50대 인구에서는 신규 장애 등록률이 1만 명당 6명인 데 비해 60대에서 23.5명, 70대에서 53.5명, 80대 이상에서는 78명이 새로 등록한다.

그런데 노인층에는 숨겨진 장애인이 더 있다. 외국에서는 당연히 장애로 인정되는 치매가 한국에서는 장애가 아니다. 지난해 치매 환자 수는 91만 명인데, 그중 약 59만 명은 장애로 인정할 만한 중간 정도 이상이다. 이들을 장애에 포함하면 고령 장애인 수 205만 명, 비중은 64%가 된다. 결국 고령 장애인은 '등록된 장애인'과 '등록되지 않은 치매 노인'으로 '분단'돼 있는 셈이다. '장애가 아닌' 치매 노인은 장애인 택시를 탈 수가 없고 장애인 치과에 갈 수도 없다. "치매를 지적 장애에서 제외하는 것은 평등권 침해"라는 헌법 소원이 2023년 제기됐는데 아직 심리 중이다.

모든 노인에서 시설화를 줄이고 살던 곳에서 계속 살게 하자는 것이 돌봄 정책의 목표이겠는데, 장애나 치매가 있는 노인은 역설적으로 시설에 가려고 해도 가기가 어렵다. 시설에서 받으려 하지 않기 때문이다. 장애가 심할수록 거절도 심하다. 그렇다고 집에서 돌보기도 어렵다. 이들을 맡아 줄 요양 보호사는 구할 수가 없다. 이들은 어디서 살아야 하나.

<자료>
1. 보건복지부. "2024년도 등록장애인 현황" 통계
2. 고임석 등(2024). 「2023년 치매역학조사」. 국립중앙의료원 중앙치매센터

고령장애인은 노쇠와 장애가 동시 진행되는 '이중 부담'을 진다. 이런 고령 장애와 치매 노인은 한해가 다르게 늘고 있는데, 복지 정책은 여전히 장애인 따로 노인 따로 다루면서 연계하고 통합하는 변신을 하지 못하고 있다.

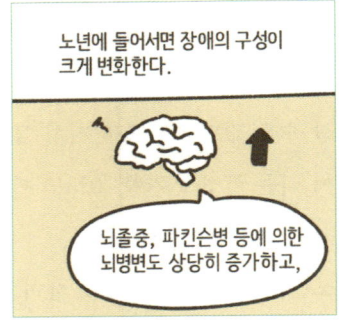

등록장애인 중 65세 이상의 비율은 55.3%로
전체 인구 중 노인 비율(19.2%)에 비해 높은데,

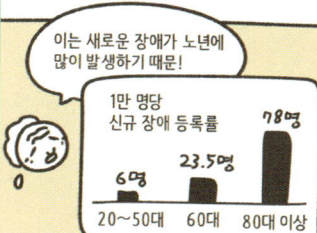

이는 새로운 장애가 노년에
많이 발생하기 때문!

1만 명당
신규 장애 등록률

6명 (20~50대)
23.5명 (60대)
78명 (80대 이상)

심지어 이는 외국에선 당연히 장애로 인정되는
'치매'가 한국에선 인정되지 않아 빠진 수치로,

(2024년 기준 장애로 인정될 만한
중등도 이상 치매 환자 59만 명)

이들을 포함하면 고령장애인의 수는
205만명, 비중은 64%에 달한다.

이런 '등록되지 않은 치매 노인'들은
장애인에게 주어지는 복지도 받지 못하며,

장애인 택시도
탈 수 없고,

장애인 치과도
이용 불가,

집에서 돌봄을 받는 것도 어려운데
그렇다고 시설에 가는 것조차 쉽지 않다.

치매노인은
어려워서...

장애가 너무 심해
거절합니다.

요양
보호사

시설

이런 이유들로 "치매를 지적장애에서
제외하는 것은 평등권 침해" 라는 헌법소원이
2023년 제기되었으나 아직 심리 중이다.

대체 언제 할 거야?

기다려~

노쇠와 장애의 이중 부담을 지는
노년층 장애인과 치매 환자는 점점 늘고 있다.

그런데 이들은 어디서 살아가야 하나?

돌봄과 미래

장애인에게
집이란 무엇인가?

자기 집에서 돌봄 받기, 장애인에겐 머나먼 꿈

우리에게 집은 무엇일까. 안전한 곳이다. 튼튼한 벽과 지붕은 추위와 더위, 비바람으로부터 우리를 지켜준다. 현관문을 닫으면 시끄러운 바깥세상이 스르르 사라져 버리는 안락함을 준다. 이 편안한 집에서 우리는 먹고 쉬고 즐기며 가족과 살아간다. 아이는 자라고 부모는 늙어간다. 그래서 집은 갖가지 추억이 서려 있는 곳이다.

그러나 집이 모든 사람에게 다 포근한 것은 아니다. 어떤 장애인이나 노인에게 집은 어둡고 우울하다. 찾아올 사람이 없는 고립의 장소이자, 문밖에 나갈 생각을 접어둔 칩거의 둥지이기도 하다. 혼자서 앓아눕는 병상이기도 하고 외롭게 생을 마치는 마지막 자리가 될 수도 있다.

어떤 장애인이나 노인에게 집은 불편하고 위험한 곳이다. 걷기가 어려워 팔 힘으로 바닥을 쓸며 다니기도 한다. 화장실은 매일 넘어야 하는 고갯길이다. 보행기라도 짚으면 문이 너무 좁고, 물기 젖은 바닥에서 꽈당 미끄러지기도 한다.

지역사회돌봄은 이런 집들을 따뜻하고 안전하게 만들려는 노력이다. 집을 개조해 주기도 하고 복지 주택을 제공해 주기도 한다. 방문 사업도 늘린다. 활동지원사든 단골 의사든 집으로 찾아오는 사람은 일단 반갑다. 외로움을 덜어주는 데 방문만 한 보약은 없다. 집이 지역사회돌봄을 도와 주기도 한다. 방문 간 영양사가 냉장고를 열어 보면 영양 지도의 방향이 잡힌다. 환자의 상태와 행동을 집의 구조, 가구와 함께 관찰하면 재활 치료의 방향도 잡힌다. 집은 수많은 정보를 담은 데이터의 보고다.

그런데 상당수의 장애인과 노인에게는 집이 없다. 집은 인간이 인간답게 살아갈 수 있는 기초다. 집이 없는 분들에게는 우선 집을 마련해 주어야 한다. "살던 곳에서 계속 살아가고 늙어갈 수 있도록" 하자는 목표의 대전제는 '집'이다. 삶의 뿌리인 집을 떠나 병원, 시설로 옮겨간 노인들이 거기서 주체적으로 살아가기는 어렵다. 하물며 어려서 시설에 들어가 평생을 살아온 중증 장애인들이야 오죽하겠는가. 장애인 시설에는 2023년 기준 2만 7천

<자료> 보건복지부. "장애인 거주 시설 수 및 입소 현황". 2023.12.31. 공공데이터포럼

여 명이 들어가 있다. 이들도 누구나와 마찬가지로 내 집에서 살고 싶은 욕망이 있다.

그러나 집을 준다고 해도 촘촘한 생활 지원, 건강 돌봄이 따라주지 않으면 탈시설화는 현실적 제약에 걸릴 수밖에 없다. 그래서 지역사회돌봄의 노력을 더 서둘러야 한다. 모든 장애인이 인간답게 살아야 하고, '돌봄이 같이 있는 집'이 그 바탕이다.

지역사회 돌봄은 이런 집들을 따뜻하고 안전하게 만들려는 노력이다.

일단 찾아오는 사람은 다 반가워!

활동지원사 단골 의사

외로움엔 방문만 한 보약이 없죠.

또한 집은 지역사회 돌봄을 돕는 빅데이터의 보고이기도 하다.

냉장고를 열어보면 영양지도의 방향이 잡히고,

집을 사용한 방식을 보면 재활치료의 방향도 잡히고!

그런데 상당수의 장애인은 애당초 집이 없다.

어려서 시설에 들어가 평생을 살아왔는데…

중증 장애인

저희도 누구나와 마찬가지로 내 집에서 살고 싶은 욕망이 있지만,

집이 생긴다고 해도 이대론 거기서 살 수가 없어요.

촘촘한 생활지원, 건강돌봄이 따라주지 않으면 탈시설화는 현실적 제약에 걸릴 수밖에 없다.

그래서 장애인 돌봄의 노력을 더 서둘러야 하는 것!

집이 없는 장애인들도 마찬가지로 인간답게 살아야 하고

'돌봄이 붙어있는 집'이 그 바탕이다.

돌봄과 미래

장애인의 집은
바로 고쳐줘야 한다

이동 약자에겐 위험한 욕실 문턱, 낮추거나 없애야

한국의 현대 가옥에서 욕실은 공중목욕탕의 축소판이다. 목욕물을 끼얹어야 하고 물청소를 해야 하니 바닥에는 타일이 깔려 있다. 실내에서는 신발을 벗는 문화라서 욕실에는 슬리퍼를 신고 들어간다. 서양에서는 안 그렇다. 영국에 체류하던 시절, 우리 집 목욕탕에는 분홍색 카펫이 깔려 있었다. 처음 그 욕실을 마주하고 느꼈던 당혹감이 생생하다. 이건 문화적, 역사적 배경이 달라서 생기는 현상이다.

그때는 몰랐지만 돌봄을 고민하면서 욕실의 새로운 의미를 깨닫게 됐다. 한국의 가옥에는 반드시 몇 개의 단차가 있다. 현관, 욕실 겸 화장실, 앞뒤 베란다, 현관을 제외한 나머지 단차의 높이는 슬리퍼의 높이라고 한다. 현관의 단차는 신발이 집안으로 밀려들어오는 것을 막는 방벽일 것이다. 이 단차들이 장애인과 노인에게는 매우 불편하고 때로는 위험하다.

단차는 집에만 있는 것이 아니다. 가게와 음식점 앞에도 있다. 폭우가 쏟아질 때를 대비한 것이리라. 그러나 이동이 불편한 사람들에게 이것은 매정한 거절이다. 과거 미국 남부의 음식점에 붙어 있었다는 'No Negroes Allowed(흑인 출입 금지)'의 경고와 다를 바 없다.

또 하나 알게 된 것이 문의 크기가 다 다르다는 것이다. 가장 넓은 문은 현관문이다. 이유는 이삿짐이다. 화장실 문은 좁다. 맨몸으로 드나드는 곳이고 장롱이 지나갈 일은 없을 테니까. 그런데 그 사람의 몸에 보행기나 휠체어가 붙어 있다면? 생각해 보면 야속하다. 현관문을 이삿짐이 사용할 일은 10년에 하루 있을까 말까다. 화장실 문을 장애인이나 노인이 사용할 가능성이 그보다 작다는 것인가. 장년에 산 집을 노인이 쓰는 것은 시간문제다.

장애인과 노인이 사용할 때를 대비해서 처음부터 문의 크기를 키우고 단차를 없앤 집을 지을 수도 있다. 최소한 이들을 위한 개조의 가능성을 고려해 설계할 수도 있을 것이다. 이런 설계를 '유니버설 디자인'이라고 한다. 초고령화 시대에 왜 이런 것을 지체하는가.

<자료> 국토교통부. 「도시재생사업지 내 노후 저층주거지 재생을 위한 집수리 사업 지원 가이드라인」, 2023.2

장애인과 노인에게 불편하고 위험한 집은 곧바로 고쳐 줘야 한다. 신체 기능 저하 상태에 따라 문도 넓히고 단차도 없애고 벽에 난간도 붙이고 욕실의 미끄럼도 방지해 준다면 살기가 편하고 안전해진다. 대단히 큰돈이 드는 것도 아니다. 국토교통부는 '수선 유지 급여' 사업으로 경보수 457만 원, 중보수 849만 원, 대보수 1,241만 원을 고시하고 있다.

장애인 지원주택을
대량으로 공급해야

장애인도 어른이 되면 따로 살 집이 있어야 한다

지난 6월 10일 경기도 김포에서 "여기가"라는 임대주택 단지의
낙성식이 있었다. 3개 동 28세대의 자그마한 곳이었지만 우원식
국회의장이 찾아와 축하해 주었다. 중증 장애인과 장애인 자녀를
양육하는 가구 등을 위해 지은 특별한 집들이었기 때문이다.

이곳에는 휠체어는 물론 침대에 누운 채 살아야 하는 사지마비
장애인을 위해 설계된 집도 있었다. 단차는 없고 문은 넓고 곳곳
에 안전 난간이 붙어 있었다. 앉거나 누워서도 창밖 경치를 훤히
내다볼 수 있도록 널따란 창문도 냈다. 어두운 방 안에 갇혀 살던
한을 풀어주려는 뜻이라 한다. 신체적 장애가 있는 분들을 위해
서는 이렇게 특별한 설계가 필요하다. 공동으로 사용하는 모임
방, 세탁실, 건강 관리실, 놀이터 등도 있었다.

이게 끝이 아니라 개인위생, 보장구 등 신체 활동, 식사·청소 등

일상생활, 여가·교우 등 사회 참여를 돕는 주거 지원 서비스가 제공된다. 주택의 유지, 보수 등도 도와주고 임대료, 공과금, 용돈 등 경제 활동도 관리해 준다. 적절한 주거지원 서비스는 건축적 구조 못지않게 중요한 지원주택의 요소이다. 정신 장애인이나 발달 장애인을 위한 집은 건축 구조가 특별하지는 않지만 인적 서비스는 훨씬 면밀하게 구성해야 한다.

장애인을 위한 지원주택은 시설 장애인들의 '탈시설화'를 위해서 시도되고 있다. 그 필요성은 자명하다. 그러나 지역돌봄의 구성과 주거 공급이 부족한 현실이 열띤 찬반 논쟁을 촉발했다. 최대한 이른 시일 안에 당사자와 가족이 안심할 수 있는 탈시설화의 조건을 만드는 것이 절박하다.

한편, 지원주택은 '탈가족화'를 위해서도 필요하다. 중증 장애인도 성인이 되면 당연히 부모와 떨어져 살고 싶어진다. 부모로서도 장애인 자녀가 독립해 살 수 있으면 큰 부담을 덜 수 있다. 그 조건이 바로 잘 설계돼 있으면서 곰살궂은 주거지원 서비스가 제공되는 주택을 충분히 공급해 주는 것이다.

<자료>
1. 보건복지부. "2023년도 등록장애인 현황 통계". 2024
2. 보건복지부. "장애인 거주 시설 수 및 입소 현황". 2023.12.31. 공공데이터포럼

'심한 장애인'은 2023년 97만 8,634명(등록장애인의 37%)이고 시설에 들어있는 장애인의 수는 2만 7,352명인데 대부분 심한 발달장애인이다. 장애인 지원 주택에 대한 사고가 아직은 시설 장애인에 국한돼 있지만 집에 있는 신체적, 정신적 중증 장애인들도 지원주택으로 독립시킬 구상을 하여 10~20만 호라도 마련된다면 장애인의 삶에 획기적인 변화가 일어날 것이다. 현재는 640호 정도 공급된 것으로 추계한다.

정신장애나 발달장애인을 위한 집들은
건축 구조보단 인적 서비스가 중요하다.

주택의 유지,
보수 등도 돕고

공과금, 용돈 등
경제활동도 관리 지원

이런 지원주택은 시설 장애인들의 탈시설화,
또 시설에 있지 않은 장애인들의 경우
탈가족화를 위해 시도되고 있다.

우리도 성인이 되면
독립해 살고 싶어!

우리도 큰 부담을
덜 수 있지!

시설

가족

그러기 위해선 필요한 조건들이 있는데,

잘 설계되어 있으면서
곰살궂은 주거지원 서비스가
제공되는 지원주택을

'충분히'
공급해주는 것!

현재는 이러한 조건이 갖춰지지 않아
열띤 찬반의 논쟁이 촉발되고 있고

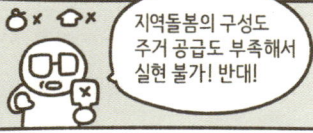

지역돌봄의 구성도
주거 공급도 부족해서
실현 불가! 반대!

최대한 이른 시일에 이런 탈시설화의
조건들을 만들어야 할 것이다.

또한 시설 장애인에만 사고가 국한되어 있는
장애인 지원주택 구상을 집에 있는 신체적,
정신적 중증 장애인들까지 넓힐 필요가 있다.

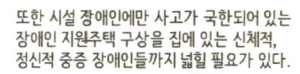

꼭 시설에만
있는 게 아님!

2023년 기준
'심한 장애인'
978,634명

시설 장애인 25,886명
(대부분 심한 장애인)

이러한 지원주택들이
10만~20만 호라도 마련된다면

장애인의 삶에 획기적인 전환이
일어날 것이다

※현재는 약 640호로 추계

돌봄과 미래

최중증 장애인에도
사람다운 일생을

장비 수백만 원 훌쩍… 부담은 대부분 가족 몫

집안에 기중기를 두고 사는 사람이 있다면 믿어지는가? 그런데 있다. 운동 능력의 대부분을 상실한 척수장애나 뇌병변 장애인이 자고 일어나 침대에서 휠체어로 옮겨 앉는 것을 어머니가 부축할 수는 없다. 그러다가 허리를 다친 분들도 많다. 이런 경우 장애인을 넓은 포대에 눕히고 들어 올려 휠체어로 옮겨주는 작은 '기중기'가 필요하다.

장애에는 '심하지 않은 장애'와 '심한 장애'가 있다. 그중 가장 심각한 경우를 '최중증 장애'라고 한다. 최중증 장애는 법적 용어는 아니지만 그에 준해서 사용되는 일이 많다. 목등뼈를 다친 사지마비나, 생활 전반에 지원을 받아야 하는 극심한 발달 장애인처럼 단독 장애로 최중증이 되는 일도 많지만, 상당수는 '중증 중복 장애'이다. 이들은 중증 장애가 있으면서 다른 장애를 하나 이상 더 가지고 있는 분들이다. 다운증후군 같은 지적 장애에 언어, 뇌병변, 정신, 지체 장애가 겹치는 예도 있고, 뇌성마비와 같은 뇌병변 장어에 자폐 스펙트럼, 정신 장애 등이 중복되기도 한다.

이런 장애인이 스스로 겪는 고통은 이루 말할 수가 없고, 가족들이 져야 할 돌봄 부담도 상상을 넘어선다. 상시적으로 돌봄 활동이 필요한데 그 부담은 대부분 가족의 몫이다. 경기복지재단의 '2023년 최중증 발달 장애인 24시간 돌봄 실태조사'는 "보호자의 25.9%가 자살을 고민하고 있다"라고 보고하고 있다. 다른 최중증 장애 가족도 같은 심정일 것이다. 장애가 심하고 가짓수가 늘어날수록 의료, 교육, 교통의 비용도 기하급수적으로 증가한다. 이들이 사용하는 장비도 실내·실외 이동, 자세 유지, 시청각 소통, 식사·배변의 생활 보조 등 10여 가지를 써야 할 일도 있지만, 가격은 수백만 원을 훌쩍 넘는 것들이 많다.

상식적으로 '최중증' 장애인에 대한 지원은 '최우선'이어야 할 것 같은데 현실은 아니다. 당사자도 가족도 극한의 고통에서 여전히 헤매고 있다. 그런 중에 작년부터 실시된 '최중증 발달 장애인 통합돌봄서비스'는 맞춤형 1:1 돌봄을 제공한 결과, 매우 호의적인

<자료>
1. 이병화(2023).「2023년 최중증 발달장애인 24시간 돌봄 실태조사」. 경기복지재단
2. 더인디고. "최중증 발달장애인 통합돌봄 1년 "긍정"… 해결과제, 이재명 정부 몫!" 2025.7.23.

평가를 받았다. 최중증 장애인에게도 한 줄기 희망이 나타난 것이다. 그러나 최중증 장애인이 어디 발달 장애인뿐인가? 뇌병변, 척수, 내부 장애인들도 극심한 고통과 부담 속에 사는 것은 마찬가지다. 모든 최중증 장애인과 가족들에게 인간다운 '인생'을 되돌려 줄 수는 없는 것인가.

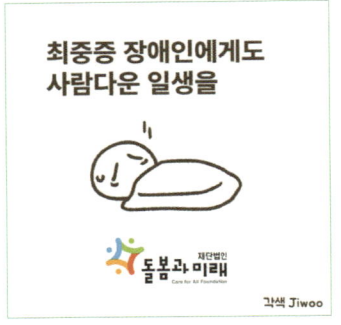

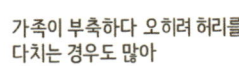

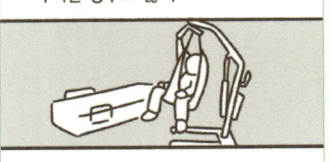

상당수는 다른 장애를 더 가지고 있는
'중증중복장애'이다.

뇌성마비와 같은
뇌병변 장애에

자폐 스펙트럼 등이
중복될 수도 있고...

장애가 심하고 가짓수가 늘어날수록
돌봄 부담도 크게 증가하고,

의료, 교통, 교육 등의 비용 또한
기하급수적으로 증가!

각종 보조 장비를 많게는 10여 가지씩
필요로 하는 경우도 생기는데

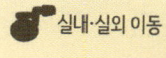

 실내·실외 이동   시청각 소통

 자세 유지   식사·배변 등
생활보조

가격은 무려 수백만 원을
훌쩍 넘는 것들이 많다.

상식적으로 최중증 장애인에 대한 지원은
최우선이어야 할 것 같지만 현실은 아니다.

모든 게 오롯이
가족의 부담...

"보호자의 25.9%가
자살을 고민하고 있다"
※2023년 경기복지재단 조사

그런 중에 작년부터 실시된
'최중증 발달장애인 통합돌봄서비스'로
맞춤형 1:1 돌봄을 제공하기 시작했다.

드디어!

최중증 장애인에게도
한 줄기 희망이!

그러나 뇌병변, 척수, 내부 장애 등의
다른 경우는 아직 포함되지 못하고 있다.

모든 최중증 장애인과 가족들에게
인간다운 인생을 되돌려 줄 수는
없는 것인가.

돌봄과 미래

생애주기별 맞춤형 복지가
절실한 장애인

중증 장애인의 일생은 '기다림'과 '거절' 그리고 '눈물'

한국이 복지 국가인지를 놓고 논란이 많지만, 현대 한국인이 복지 제도의 안에서 살고 있는 것은 분명하다. 누구나 의무·무상 교육을 받고 건강보험의 적용을 받는다. 가난해지면 기초생활보장의 뒷받침을 받고, 직장을 잃으면 실업 수당을 받으며, 나이 들면 연금과 장기요양의 서비스를 받는다.

복지의 수준을 끌어올리려는 시도로 '생애주기별' '맞춤형' 등의 방향이 늘 거론된다. 좋은 복지 제도의 필수 요건이기 때문이다. 생애주기별 맞춤형 복지가 가장 필요한 집단은 장애인, 특히 중증 장애인이다.

어린 시절 중증 장애아에게 좋은 보육은 당사자와 가족 모두 절실한 일이다. 2020년 기준 전체 아동의 어린이집 이용률은 48.4%였다. 그런데 장애 아동은 22.8%, 그중 자폐성 장애아는

16.6%였다. 중증일수록 어린이집에서 거절당하는 경험이 많다. 특수 교육법에 따라 특수 교육 대상자는 3세부터 17세까지 의무 교육을 받을 권리가 있다. 비장애 아동은 6세부터 15세까지이다. 그러나 학교 현장에선 장애인을 위한 기본적인 시설과 지원 미흡, 특수교사 등 자원 부족 같은 문제가 끊이지 않는다.

학교를 마치면서 중증 장애인에게는 위기가 온다. 고교를 마친 후 진학도 취업도 못 하게 되면 돌봄 부담이 갑자기 커진다. 이들을 받아 줄 수 있는 복지관은 1년 이상, 심지어 3년 이상 기다려야 하는 곳이 많다. 중증이나 발달 장애, 뇌병변 장애인은 거절당하는 일도 많다. 이 때문에 시설에 입소하기도 한다. 학교를 마치면 누구나 취직을 하려고 한다. 중증 장애인에게 취업은 그 자체가 돌봄이다. 모든 젊은이의 취업이 어려운데 장애인 취업이 쉬울 리 있겠나. 중증일수록 자리가 없다. 이번에는 일자리를 찾아 헤매야 하고 생산성이 떨어진다는 이유로 최저 임금조차 받을 수 없다. 그러나 월급을 받는다는 자체만으로 자부심이 가득한 얼굴들을 보면 속이 쓰리다.

65세를 넘어 노년이 되면 이번에는 장애인 정책의 대상이 아니라 노인 정책의 대상이 된다. 장애인 복지와 노인 복지 제도는 별

<자료>
1. 김형지 등(2022). 「2022 장애통계연보」. 한국장애인개발연구원
2. "보육시설이용률". 지표누리 저출생통계지표. 국가데이터처

도의 과정으로 형성돼 왔기 때문에 이것저것 차이가 크다. 그래서 복지 혜택이 줄어드는 일이 생긴다. 장애인이 노인이 되는 것은 또 한 번의 위기다.

결국 중증 장애인의 일생을 관통하는 것은 생애주기별 맞춤형 '복지'가 아니라 생애주기별 맞춤형 '기다림'과 '거절', '좌절', 그리고 가족들의 '눈물'인 셈이다.

그러나 어릴 때부터 이들은 복지를 '거절'당하기 시작한다.

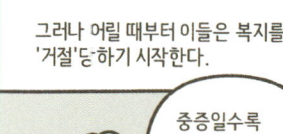

중증일수록 어린이집에서 받아주지 않아요.

어린이집에 다니는 장애아동은 고작 22.8%(2022년 기준)

특수교육법에 따라 3세부터 17세까지 의무교육을 받을 권리가 있는데,

정작 학교 현장에는 기본적인 시설과 특수교사 등이 부족해서...

학교를 무사히 마쳤다 하더라도 새로운 위기가 오게 된다.

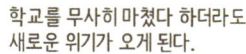

학교가 돌봄 부담을 덜어줬었는데 이젠...

1년, 아니 3년 이상 기다리세요.

그리고 중증장애인에게 취업은 그 자체가 돌봄이고 자부심이 되지만

모든 젊은이의 취업이 어려워!

중증일수록 더욱 자리는 없고...

65세를 넘어 노년이 되면 이번에는 해당하는 정책이 바뀌는 위기가 온다.

장애인 정책이 아니라 이제부턴 노인 정책

하루아침에 달라지는 게 너무 많아!

중증장애인의 일생을 관통하는 것은 생애주기별 맞춤형 '기다림'과 '거절',

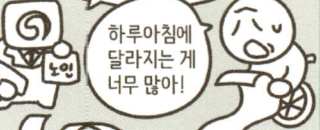

그리고 가족들의 '눈물'인 셈이다.

보조·의료기기도 전달체계 필요

보조기기 사용·지원 증가… 공급·전달을 고민해야

몇 년 전 덴마크 코펜하겐을 방문했을 때 시에서 직영하는 '보조기기 센터'에 갈 기회가 있었다. 꽤 큰 건물의 아래층을 모두 쓰는 커다란 전시장에 갖가지 보조기기들이 전시돼 있었는데 지팡이부터 보행 보조기, 휠체어, 스쿠터, 신기한 생활용 소도구들이 가득했다.

여기서는 장애인들이 물리치료사나 작업치료사의 도움을 받아 자신에게 가장 필요하고 적합한 보조기기를 그 자리에서 고르고 무상으로 대여받을 수 있다. 품목마다 다양한 종류를 갖추어 장애 유형과 중증도에 맞출 수 있다. 기계 수리와 교체도 맡아 준다. 이 센터의 직원이 가정을 방문해서 필요한 주택 개조를 해 주거나 맞춤형 가구를 추천해 주기도 한다. 그래서 주택 개조의 다양한 재료들이 함께 전시돼 있다.

우리도 돌봄통합지원법에 따라 전국의 시·군·구가 모두 지역사회돌봄을 시행하게 된다. 목표는 노인과 장애인들이 병원이나 거주 시설에 들어가는 일을 줄이고 살던 곳에서 최대한 오래 살 수 있도록 지원하는 것이다.

그러자면 당연히 보조기기가 지금보다 훨씬 많이 공급돼야 한다. 필요하면 침대도 난간이 달린 전동침대로 바꾸고 욕창 방지 매트리스를 깔아 낙상과 욕창을 막아야 한다. 안전한 이동을 위한 다양한 기기와 도구, 척수나 뇌병변 장애인의 자세 유지 장비, 시청각 장애인을 위한 의사소통 보조기, 작업과 학습을 보조하는 기기 등도 더 공급돼야 한다.

오래지 않아 가정용, 부착형 의료기기가 쇠약해진 노인과 장애인의 신체 상태를 지지하고 위험을 감지·대응하게 될 것이다. 24시간 돌봄이 필요한 콩팥, 심장, 간, 호흡기 등의 내부 장애인에게 생체 신호와 심혈관 기능을 모니터링 하는 부착형 의료기기는 큰 도움을 줄 수 있다. 의료기관이 먼저 응급 상황을 알고 구급차를 보낼 수도 있다. 기술적으로는 이미 가능한 일이다.

그러자면 당사자와 가족들이 보조기기와 의료기기에 대한 정보

<자료>
1. 국민건강보험공단(2025),「2024 노인장기요양보험 통계연보」
2. 극민건강보험공단 및 건강보험심사평가원(2025),「2024 건강보험 통계연보」

를 충분히 가지고 자신에게 가장 적합한 기기를 선택해 부담 없는 비용으로 사용할 수 있게 지원해 주는 전달체계의 정비가 꼭 필요하다. 지금처럼 스스로 수소문해서 판매업소가 권하는 대로 구매하면 정부는 영수증 처리만 해 주는 방식으로는 당사자의 불편과 재정의 낭비를 피할 수 없다. 2024년 노인장기요양보험은 3,461억, 건강보험은 1,004억 원을 보조기기에 지급했다. 전달체계의 정비가 없이는 '물먹는 하마'가 될 수도 있다.

우리도 너년이면 돌봄통합지원법에 따라 전국이 지역사회돌봄을 시행하게 되는데,

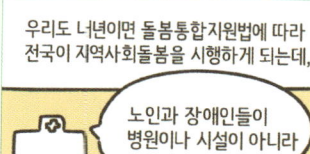

노인과 장애인들이 병원이나 시설이 아니라

살던 곳에서 최대한 오래 살 수 있게!

그러려면 당연히 보조기기가 훨씬 많이 필요하지!

난간 달린 전동침대

욕창 방지 매트리스

뇌병변 장애인의 자세유지장치 등등

또한 오래지 않아 부착형 의료기기가 신체상태의 위험을 감지·대응할 것이다.

의료기관이 먼저 응급상황을 알고 구급차를 보낼 수 있게!

기술적으로는 이미 가능합니다!

그러자면 보조기기와 의료기기의 [전달체계]의 정비가 꼭 필요하다.

정보를 충분히 가지고 가장 적합한 기기를,

부담없는 비용으로 사용할 수 있도록!

지금처럼 스스로 수소문해서 판매업소가 권하는 대로 구매하면

정부가 영수증 처리만 해 주는 방식으론 당사자의 불편과 재정 낭비를 피할 수 없다.

2024년 노인장기요양보험은 3,461억, 건강보험은 1,004억원을 보조기기에 지급했다.

앞으로 이 규모는 많이 늘어날 것이다.

돌봄과 미래

인공지능, 로봇,
그리고 인간

'진정한 돌봄'은 사람이 중심… 과학만능주의 경계해야

1970년대 후반 "6백만 불의 사나이"라는 미국 드라마가 있었다. 비행기 사고로 심각한 장애가 생겼다가 6백만 달러를 들여 초능력 기계로 두 다리, 오른팔, 왼쪽 눈을 갈아 낀 주인공의 신나는 활약을 보러 흑백텔레비전 앞에 사람들이 모여들었다. 쥘 베른의 노틸러스가 80여 년 후 핵잠수함이 되어 "해저 2만리"를 돌아다녔듯, 50년이 지나자 "사나이"도 서서히 모습을 드러내기 시작한다.

그 꿈 같은 상황은 아니지만 로봇과 인공지능이 하루하루 장애인에게 접근해 오고 있다. 이미 환자들이 로봇의 도움으로 신체 기능을 회복하는 재활 치료를 받고 있다. 오래지 않아 의수, 의족, 목발 대신 팔, 다리 로봇이 일상적인 보조기기로 보급될 것이다. 자율 주행이 완성되면 시각이나 뇌병변 장애인, 백세 노인들도 차를 몰고 다닐 수 있다. 계단을 오르내리고 자율 주행까지 되는 휠체어도 개발되고 있다.

시각, 청각, 언어 장애인의 소통도 지원한다. 수어와 음성언어를 통역해 주고, 언어 장애인의 말을 명료하게 바로잡아 주기도 한다. 시각 장애인의 물체 식별을 돕고 표지판도 읽어 주면서 안전한 길로 안내한다. 손이나 시각 장애가 있는 분들이 음성으로 조명이나 가전제품을 작동시키는 기술도 있다.

장애 보조를 넘어 돌봄은 지능 정보기술의 중요한 영역으로 부상하고 있다. 홀로 사는 외로움을 달래 줄 정서 지원, 약속 시간이나 약 먹을 시간을 알려주는 기억 보조 장치들은 국내외에서 꽤 보급되어 있다. 위험한 행동이나 낙상과 같은 사고를 예측하거나, 발생한 사고를 가족에게 즉시 알려주는 안전 감시 기술도 만들어져 있다. 누워 있는 장애인을 안아 옮겨줄 일꾼 같은 로봇은 오래지 않아 출현할 듯하다.

새로운 첨단기술의 발전이 장애인·노인의 생활과 돌봄에 가져올 변화에 대한 전망은 현란하다. 지능과 힘을 갖춘 신기술이 기능 저하를 줄이고 가족의 부담도 덜어주는 획기적 방식이 될 것은 분명해 보인다.

그러나 기대에 들떠 기계가 인간을 대신할 수 있다는 과학주의의 함정에 빠져서는 안 된다. 돌봄은 사람과 사람이 만나는 관계에서 비롯된다. 돌봄의 체계를 만들면서 새로운 기술을 어떻게 접맥해 활용할 것인지 적합한 방식을 찾는 것이 관건이다. 과학기술의 발전에 뒤처져도 안 되지만, 그에 사로잡혀서도 안 된다. 과거에도 현재에도, 그리고 미래에도 돌봄은 사람이 기본이고 중심이다.

수어와 음성언어를 통역해주고 언어장애인의 말을 명료하게 보정!

손을 쓰지 않고도 음성으로 각종 기기를 작동시키는 기술도!

장애보조를 넘어 돌봄 또한 로봇과 AI의 중요 영역으로 부상하고 있다.

외로움을 달래 줄 정서 지원

안녕하세요

약 먹을 시간을 알려주는 기억 보조 장치

기술의 발전들이 장애인·노인의 생활과 돌봄에 큰 도움이 될 것은 분명하다.

누워있는 장애인을 안아 옮겨 줄 일꾼 같은 로봇도 곧 출현할 듯!

그러나 기대에 들떠서 기계가 인간을 대신할 수 있다는 과학주의의 함정에 빠져선 안된다.

편리한가 인간

이건 아니야

돌봄은 사람과 사람이 만나는 관계에서 비롯된다.

돌봄의 서로운 체계를 만들면서 새로운 기술을 어떻게 활용할 것인지 방식을 찾는 것이 관건이다.

기술의 발전에 뒤쳐져서도 안 되지만 그에 사로잡혀서도 안 된다.

과거에도 현재에도, 그리고 미래에도 사람이 기본이고 사람이 중심이다.

돌봄과 미래

방문의료로
다시 태어나는 왕진

의사·간호사·사회복지사 한 팀, 거동 힘든 환자 찾아가야

1960년대에 시골에서 의사 생활을 하셨던 선친은 거의 매일 왕진을 다니셨다. 분만이 시작되거나, 사고가 나거나, 급성 복통이라도 생겼을 때, 걷지 못하는 환자가 선친의 진료실까지 올 수 있는 수단은 소달구지밖에 없었다. 의사가 움직이는 것이 빨랐기에 아버지는 자전거에 왕진 가방을 싣고 먼 길을 다녀오셨다. 교통수단이 좋아지자, 왕진을 가야 할 요구가 줄고 어느새 사라졌다.

그간 잊혔던 왕진이 방문의료라는 이름으로 부활하고 있다. 이제는 의료기관에 오기 어려운 사정이 '교통수단의 부재'가 아니라, 환자의 '거동 불편'으로 변했다. 왕진이 응급 때문이라면 방문의료는 만성질환을 다룬다. 와상 상태나 중증 장애로 통원이 어려운 노인과 장애인이 늘어나니 방문의 필요가 다시 늘고 있다. 이런 사정은 외국도 마찬가지다.

지역사회돌봄이 추진하는 미래의 방문의료는 과거의 왕진과는 짜임새가 다르다. 의사, 간호사, 사회복지사가 팀이 되어 환자를 계획적으로 관리한다. 의사는 환자 상태에 따라 한 달에 한두 번, 간호사는 서너 번 찾아가 질병을 관리하고, 욕창과 감염을 예방한다. 사회복지사는 생활상태, 가족 관계와 돌봄 부담 등을 파악하여 대책을 세워준다. 영양사, 임상심리사, 의료기사들이 같이 한다. 약사가 한 보따리씩 있는 약을 뒤져 중복처방과 불필요한 약을 정리 해 주면, 그것만으로도 건강이 좋아진다. 노인이나 장애인은 구강위생 상태가 나쁘거나 씹고 삼키는 힘이 약해져 영양 상태까지 악화한 분들이 많다. 그럴 때는 치과의사와 치위생사가 집으로 가서 해결해 준다.

장애인과 노인들은 신체와 정신 기능에 다양한 기능 저하 문제를 가지고 있지만, 정확한 진단을 받기 어렵고 주기적으로 병원에서 다니며 재활 치료를 받는 것은 더더욱 어렵다. 재활의 미충족 필요가 우리 가정의 곳곳에 켜켜이 쌓여있다. 이 문제에 대처하는 최선의 방법은 재활의학 의사, 물리치료사, 작업치료사, 건강운동관리사 등으로 구성된 재활팀이 집으로 찾아가는 기능을 복구시켜 주는 것이다.

물론 이런 체제가 쉽게 구성될 리 없다. 각 전문 인력의 참여가 필요하고 이를 가능하게 하는 제도와 재정이 준비되어야 한다. 또한 직역 사이의 갈등을 줄이고 새로운 협력 방식을 찾기 위해 직종 간 업무 분담을 명확히 하고 활동 지침을 합의해 가야 한다. 장애인과 노인의 딱한 처지를 보면서 더 이상 머뭇거릴 수는 없다. 도전이 필요하다.

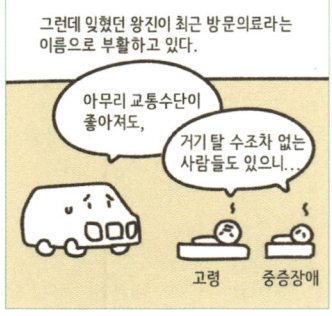

지역사회돌봄이 추진하는 미래의 방문의료는
과거의 왕진과는 짜임새가 다르다.

의사, 간호사,
사회복지사 등이 한 팀!

의사는 환자 상태에 따라 한 달에 한두 번,
간호사는 서너 번 찾아가

질병을 관리하고,
욕창과 감염 등을 예방한다

사회복지사는 생활상태, 가족 관계와
돌봄 부담등을 파악하여 대책을 세우고,

약사는 중복처방과 불필요한 약을 정리해
주는 것으로도 상태 호전에 도움이 된다.

재활의학 의사, 물리치료사, 작업치료사,
건강운동관리사 등으로 구성된 재활팀도

직접 방문해 정확한 진단과 주기적인
재활 치료를 제공할 수 있을 것이다.

물론 이런 체제가 쉽게 구성될 리는 없다.

제도와 재정도
준비해야 하고,

직역 사이의 갈등도
해법을 찾아야!

하지만 장애인과 노인의 딱한 처지를
보면서 더 이상 머뭇거릴 수는 없다.

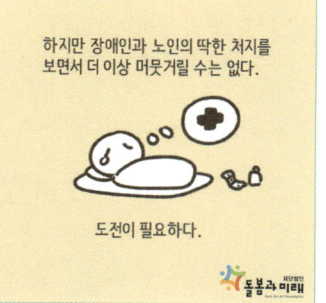

도전이 필요하다.

통합돌봄 시대의
장애인 활동지원

장애인 활동지원, 돌봄 난이도 따른 차등 수가 필요

장애인 활동지원 정책은 2006년 6월 발표된 "장애인지원종합대책"에 포함돼 다음 해 봄 시작됐다. 노인장기요양보험 실시 1년 전이다. 2005년 초봄 참여정부 청와대에 사회정책 수석비서관으로 들어간 지 얼마 안 돼 이 대책을 추진했던 나에게 활동지원은 개인적인 기억들과 얽혀 있다. 그때까지 장애인 복지는 소득, 의료, 교육, 고용 등이 주된 내용이었는데 활동지원은 식사, 옷 입기, 외출 등을 지원해 자립생활을 도모하려는 것이었다. "밥술 떠줄 사람이 없어 늘 가족들에게 도움받던 종속적 삶을 청산할 신호탄"을 쏘아 올린 것이다.

활동지원이 장애인의 삶에 큰 변화를 준 것은 맞지만 문제가 없을 리 없다. 가장 큰 문제는 돌봄이 진짜로 필요한 중증 장애인들이 활동지원사를 못 구한다는 것이다. 장애의 종류나 돌봄의 난이도가 다른데 똑같은 임금을 주니 누가 어려운 장애인을 맡으려 하겠는가. 난이도를 반영한 차등 수가가 필요하다. 또한 다른 모든 인력과 마찬가지로 농어촌에서는 활동지원사를 구하기 힘들다. 최근 의료정책은 취약 지역에 유리한 지역 수가를 주는 방향으로 변하고 있다. 같은 개념을 지역사회돌봄에도 활용할 필요가 있겠다.

활동지원을 이용하는 장애인은 5.3%이고 뇌병변(10.5%), 발달(17.3%) 장애인이 많이 이용한다. 이용자의 42.8%는 시간이 부족하다고 느낀다. 최중증 장애인은 24시간 지원이 필요한데 현재는 최대 월 480시간이다. 하루 16시간씩인 셈이다.

한편, 활동지원사는 불안정한 고용, 낮은 임금, 위험한 근무환경 등에 대한 불만이 많다. 직장으로서 좋은 일자리가 아닌 것이다. 활동지원사는 이론·실기 40시간, 실습 10시간을 교육받는다. 요양보호사는 각 240시간, 80시간이다. 장애인 활동지원이 노인 요양보다 쉬울까. 뇌병변, 내부, 정신, 발달 장애인 돌봄이 치매 노인 돌봄보다 쉬운 일일까. 아닐 것 같다. 오히려 각종 장애 유형에 맞춰 활동지원을 특화해 전문적 수준으로 만들고 그에 맞는 교육과정과 임금을 재설정해 주어야 하겠다. 그래야 장애인 활동지원

<자료>
1. 김진우(2011) "김대중·노무현 정부 장애인 정책에 대한 비판적 고찰". 「한국장애인복지학」 제16권, pp.25~45
2. "장애인활동지원 서비스 이용 현황" 2023년 기준, KOSIS

이 새로운 돌봄 체계에 제 자리를 잡는 전기가 마련될 것이다.

통합돌봄을 본격적으로 추진하는 요즈음, 예전에 추진했던 노인·장애인 정책들을 자주 반추해 보게 된다. 초기의 제도 설계에서 범한 가장 큰 잘못은 요양보호나 활동지원의 업무를 너무 단순하게 생각했던 것이다.

장애 종류나 돌봄 난이도가 다른데 똑같은 임금을 주거든요.

난이도를 반영한 차등 수가가 필요하네.

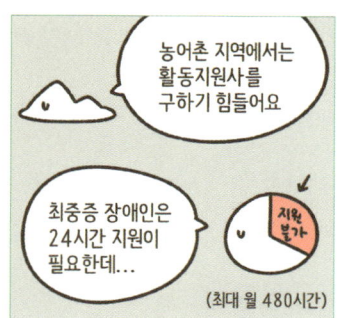

농어촌 지역에서는 활동지원사를 구하기 힘들어요

최중증 장애인은 24시간 지원이 필요한데...

지원 불가

(최대 월 480시간)

활동지원사 또한 불만이 많다.

고용도 불안정하고,

임금도 낮고,

환경도 위험하고...

뇌병변, 내부, 정신, 발달장애인 돌봄 등 전문성 또한 필요한 일인데 노인 요양보다 교육이 적다.

활동지원사

요양보호사

이론·실기 40시간 실습 10시간

우리는 각각 240시간, 80시간

오히려 각종 장애 유형에 맞추어 활동지원을 특화하여 전문적인 수준으로 만들고 그에 맞는 교육과정과 임금을 재설정해주어야 한다.

그래야 장애인 활동지원이 새로운 돌봄 체계에 제자리를 잡을 수 있음!

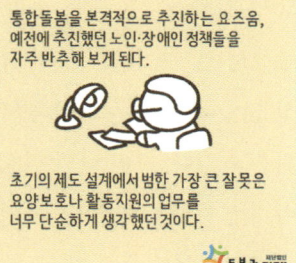

통합돌봄을 본격적으로 추진하는 요즈음, 예전에 추진했던 노인·장애인 정책들을 자주 반추해 보게 된다.

초기의 제도 설계에서 범한 가장 큰 잘못은 요양보호나 활동지원의 업무를 너무 단순하게 생각했던 것이다.

돌봄과미래

89

돌봄이야말로
지방자치

내년 통합 돌봄, 기초 지자체의 주 업무가 될 것

올해는 지방자치를 실시한 지 30년째 되는 해다. 1995년 6월 27
일 광역 및 기초 단체장과 지방 의원을 뽑는 4대 지방 선거가 동
시 실시됐다. 군사 쿠데타로 중단됐던 지방자치는 이로써 복원됐
다. 그러나 여전히 아쉬움이 많다. 지자체에 더 많은 자치 권한과
재원이 주어져야 한다는 지적과 함께 자치 능력에 대한 비판도
많다. 지방자치의 혼란은 스스로 해야 할 역할을 찾지 못했기 때
문일 수도 있다.

30년 지방자치가 이룬 성과를 지방 정치인들에게 물어본 한 설
문조사 결과를 보면 '주민 삶의 질 개선'이라는 답이 43.5%로 가
장 많았다. '민주주의 발전' 23.0%, '지역 경제 발전' 18.7% 등이
뒤를 이었다. 주민 삶의 질 개선이 최대의 성과였다는 말은 그것
이 지방자치가 가장 크게 이바지할 수 있는 영역임을 입증하는
것이기도 하다.

지방자치의 본고장인 유럽에서 기초 지자체는 생활 문제에 집중한다. 보육, 초등 교육, 일차 의료, 지역 보건, 노인과 장애인 복지, 동네 교통, 이를 위한 생활환경, 도시 계획 등이 주된 활동이다. 광역은 중등 교육, 병원과 응급 의료, 광역권의 교통, 도시 계획, 환경·자원 관리, 산업과 노동 지원 등을 맡는다. 한국에서 기초와 광역이 모두 종합 행정을 반복하는 체계라면 유럽은 역할을 분담한다.

돌봄은 전형적인 지방 정치의 주제다. 주민의 삶을 보살피는 일이 기초 지자체의 기본 업무이고, 현장에서 가장 가까운 곳에서 가장 좋은 대안이 나올 수 있다. 내년 3월부터 통합 돌봄이 전국적으로 실시된다. 처음에는 낯선 신규사업이겠지만 수년 내에 돌봄은 기초의 주 업무가 되어 갈 것이다. 이제 지자체는 자치 업무다운 자치 업무를 만나는 셈이다.

그러기 위해서는 중앙 정부의 변화가 전제돼야 한다. 보건복지부는 방향, 제도, 재원 등을 지원할 뿐 하나하나 간섭하지는 말아야 한다. 일을 망칠 뿐이다. 기획재정부도 예산에 일일이 꼬리표를 달지 말고 지방이 자율적으로 사용할 수 있는 교부금 방식의 재원을 늘려야 한다. 행정안전부 역시 지방공무원의 정원을 간섭

<자료> 주영재·이종섭·이삭 기자. "더 많은 재정·권한·참여…그것이 '진정한 분권'으로 가는 길". 경향신문. 2025.7.9

하는 기준인건비 제도를 버리고 인사 권한을 지방에 넘겨줄 때가 됐다. 강고한 중앙 집권의 관행이 쉽게 변할 수 있을까가 문제다.

돌봄은 지방자치가 필요하고 지방자치는 돌봄이 필요하다. 돌봄은 결국 지방을 변화시키고 중앙정부도 변하게 할 것이다.

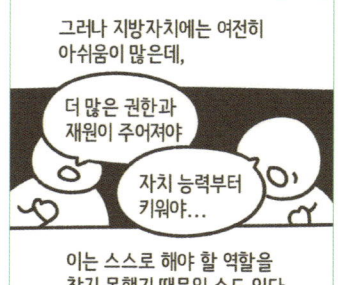

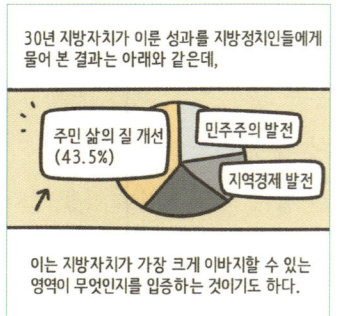

지방자치의 본고장인 유럽에서
기초는 주민의 생활 문제에 집중한다.

보육!

일차의료!

기초

노인과
장애인 복지!

동네 교통!

광역은 중등교육,
병원과 응급의료,
광역교통 등!

광역

한국에서는 광역, 기초가 모두 종합 행정을
반복하는 체계라면 유럽은 역할을 분담한다.

내년 3월부터 통합돌봄이 전국적으로 실시되면
수년 내 돌봄은 기초의 주 업무가 되어갈 것이다.

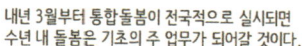

주민의 삶을 보살피는 일이
기초의 기본 업무니까!

지방

이제 지방자치는 자치 업무다운
자치 업무를 만나게 되는 셈이다.

그러기 위해서는 중앙정부의 변화가
전제되어야 한다.

보건복지부는 방향, 제도, 재원 등을
지원할 뿐, 하나하나 간섭하진 말아야!

이거 수정하고~
저거 제출하고~

왜 안
오는겨?

지방

기획재정부도 예산에 일일이
꼬리표를 달지 말고

T.O

행정자치부 역시
기준인건비 제도를 버려야

강고한 중앙집권의 관행이
쉽게 변할 수 있을까가 문제이다.

돌봄은 지방자치가 필요하고,
지방자치는 돌봄이 필요하다.

지방

정부

돌봄은 결국 지방을 변화시키고
중앙정부도 변하게 만들 것이다.

돌봄과 미래

고려와 조선에도
돌봄이 있었다

삼국시대 구휼제도, 현금 수당·장애인 자립지원으로 발전

"나이 80세 이상 및 독질자(篤疾者)에는 시정(侍丁) 1명을 주고 90세 이상인 자에게는 3명을….." 고려사 현종 11년(1020년)의 기록이다. "부모가 나이 70세 이상이 된 사람과 독질이 있는 사람은 나이 70세가 차지 않았더라도 시정 한 사람을 주고." 이것은 조선왕조 실록 세종 14년(1432년)의 기록이다.

여기서 독질자는 중증 장애인을 말하고 시정은 돌봄을 담당하는 사람이라는 뜻이다. 이런 기록을 통해 고려와 조선시대에도 돌봄 제도가 있었던 것을 알 수 있다. 노인과 장애인에게 마음을 쓴 고려 현종과 조선 세종이 당대의 현군이기는 했지만, 이런 제도가 두 임금의 대에 그친 것은 아니다.

고구려, 백제, 신라 등 삼국이 모두 '홀아비, 홀어미, 부모 없는 자식, 자식 없는 늙은이(환과고독·鰥寡孤獨)와 늙고 병들고 가난하거나 스스로 살기 어려운 사람(노병빈핍 불능자존자·老病貧乏 不能自存者)'들을 나라가 구휼하는 제도를 두고 있었고 이 전통은 고려를 지나 조선에까지 이어졌다. 이들에 대해서는 각종 물품을 나누어 주기도 하고 조세와 군역을 면제하거나 형벌을 덜어 주었다. 요즘 식으로 말하자면 각종 현금 수당을 주기도 하고 세금을 감면해 주기도 했다는 것이다. 여기에 덧붙여 돌봄을 맡도록 시정 제도를 두어 아들이나 손자의 역(役)을 면제해 주고 가족이 없으면 나라에서 다른 사람을 구해 주기도 했다.

그뿐 아니라 장애인들에게 일정한 직업을 주어 자립을 돕기도 했다. 대표적인 예가 시각 장애인이다. 고려 이후 시각 장애인에게는 점술가와 악기 연주자의 직업을 주었다. 기우제를 시각 장애인이 맡았다는 기록, 뛰어난 음악가와 점술가가 시각 장애인 중에서 배출됐다는 기록이 많다.

어느 나라나 마찬가지로 우리 역사에서도 장애인의 삶이 쉽지 않았을 것이고 차별이 있었던 것도 사실일 것이다. 그러나 이들이 사회생활에서 배척되고 소외됐던 것은 아니다. 서양식 자본주의와 능력주의가 대두하기 전까지 장애인은 특별한 것이 없는 평범

<자료>
1. 정창권(2011). 「역사 속 장애인은 어떻게 살았을까: 사료와 함께 읽는 장애인사」 글항아리
2. 심승구(2012). "조선시대 장애의 분류와 사회적 처우". 「한국학논총(38)」, pp.271-303

한 사회의 일원으로 받아들여졌다. 장애인을 지칭하던 전통적 공식 용어였던 독질자, 잔질자(殘疾者·경증 장애인)라는 말 대신 '불구자(不具者)'라는 말이 쓰이기 시작한 것은 1910년 이후라고 한다.

고구려, 백제, 신라 삼국시대부터
스스로 살기 어려운 사람들을
나라가 구휼하는 제도를 두고 있었고

보살펴야 함

- 홀아비, 홀어미
- 부모 없는 자식
- 자식 없는 늙은이
- 병들고 가난한...

이런 전통은 고려와 조선에까지 이어져
물품을 나누어주기도 하고 조세와 군역을
면제하거나 형벌을 덜어주었다

현금수당 지급   세금 감면

기타등등

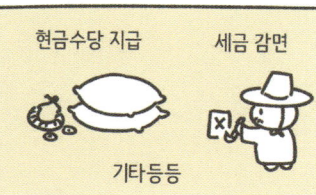

그뿐 아니라 장애인에게
일정한 직업을 주어
자립을 돕기도 했다.

고려 이후 시각장애인에겐
점술가와 악기 연주자의 직업을!

이처럼 서양식 자본주의와 능력주의가
대두하기 이전까지 장애인이 사회의 일원으로
받아들여졌다는 증거는 많다.

기우제를 시각장애인이
맡았다는 기록도!

장애인을 지칭하던 전통적 공식 용어였던
독질자(篤疾者, 중증 장애인),
잔질자(殘疾者, 경증 장애인) 대신

불구자(不具者)라는 말이 쓰이기
시작한 것은 1910년 이후라고 한다

어느 나라나 마찬가지로 우리의 역사에서도
장애인의 삶이 쉽지 않았을 것이고,
차별이 있었던 것도 사실이었을 것이다.

그러나 이들이 사회생활에서 배척되고
소외되었던 것은 아니었다는 것을
역사는 기억하고 있다.

돌봄과 미래

장애인 돌봄의
방향 잡기

장애 유형별 욕구 파악하고 방문 서비스 강화해야

장애인을 위한 지역사회 돌봄은 어떻게 구성해야 하는가. 이제 곧 전국에서 지역사회돌봄이 시행되는데 장애인 돌봄은 중앙에서나 시·군·구에서나 혼란을 거듭하고 있다. 노인 돌봄은 2018년부터 상당한 실험이 이뤄졌지만 장애인 돌봄은 그렇지 못했다. 문재인 정부가 시도는 했으나 경험 축적이 많지 않았고, 윤석열 정부는 아예 장애인 돌봄을 제외했다. 2024년 돌봄통합지원법을 제정할 때도 노인만을 대상으로 했다가 장애인이 막판에 추가됐다. 이렇다 보니 장애인 돌봄은 정책적 구상도, 법령의 내용도 부실하다.

실마리는 장애인들이 필요로 하는 서비스를 상세히 파악하는 것이다. 욕구를 파악하면 그를 충족시키기 위한 서비스를 기획할 수 있다. 이어서 그런 서비스를 만들어낼 인력의 종류와 양을 정하고 그 인력들이 일할 조직들을 구상한다. 그리고 제공자들 간에 역할을 분담하고 협력하는 방식, 즉 전달 체계를 구성한다. 이런 절차로 기본적인 그림을 그릴 수 있다.

장애인도 식사, 청소 등 일상생활 지원은 노인과 비슷하다. 어려운 것은 장애인들의 특수한 욕구인데, 이는 유형별, 중증도별로 크게 다르다. 욕구가 매우 다양하다는 점이 엄두를 내지 못하는 첫째 이유다. 이 부분을 파악하는 것이 시급하다.

사회복지사의 적극적 참여가 필요하다. 통합돌봄이 필요한 장애인을 찾아내고 자격을 판정하고 서비스를 기획하는데 간호사와 함께 중요한 역할을 한다. 활동지원사의 업무는 유형별 전문성을 갖추도록 분화해야 한다. 장애인들을 방문해 제공하는 진료와 간호, 재활 서비스가 강화돼야 한다. 방문의료가 활성화되면 장애인 주치의 제도도 제자리를 잡아갈 수 있을 것이다.

주야간보호센터를 대폭 늘려야 한다. 노인을 위한 센터를 공유할 부분이 있고 장애인을 위한 센터를 따로 만들 부분이 있을 것이다. 가족의 휴양을 위한 단기 보호는 정부가 적극적으로 공급을 늘려야 한다. 지방 정부는 주택개조와 보조기기를 패키지로 제공하고 중앙정부는 장애인 지원주택을 대대적으로 확충해야 한다.

이렇게 장애인 돌봄의 내용과 인프라를 구성하면서, 지금까지의 허점을 정비해야 한다. 중증 장애인의 야간 돌봄 부족을 메우고 성인이 되거나 고령자로 넘어가는 시기의 정책 충돌을 조정해야 한다. 지금까지 있었던 중복, 누락을 돌봄을 계기로 정비해 나가자.

장애인 돌봄의 목적은 당사자의 자립 생활, 가족의 부담 경감, 새로운 공동체의 구성이다.

그러나 장애인의 욕구는 유형별, 중증도별로 크게 다르기 때문에

천차만별!

이 부분을 파악하는 것이 몹시 어려우면서도 시급하다.

그리고 사회복지사의 적극적 참여도 필요하고!

활동지원사의 업무도 유형별 전문성 갖추도록

방문의료도 활성화하여 주치의 제도도 자리잡게!

주야간보호센터도 대폭 늘려야 하고!

가족의 휴양을 위한 단기 보호도 공급을 늘려야!

지방정부는 주택개조와 보조기기를 패키지로 제공해야!

중앙정부는 장애인 지원주택을 대대적으로 늘려야!

지방

장애인 돌봄의 인프라가 구성되도록!

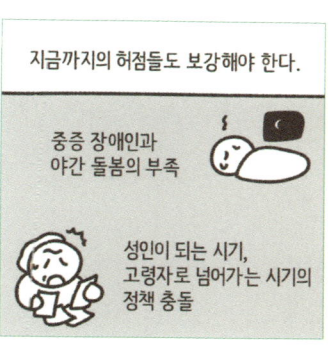

지금까지의 허점들도 보강해야 한다.

중증 장애인과 야간 돌봄의 부족

성인이 되는 시기, 고령자로 넘어가는 시기의 정책 충돌

장애인 돌봄의 목적은 당사자의 자립생활, 가족의 부담 경감,

그리고 새로운 공동체의 구성이다.

돌봄과 미래

101

장애인 돌봄이
꿈꾸는 미래

장애인이 사회의 온전한 구성원으로 살 수 있도록

장애인 돌봄에서 우리가 꿈꾸는 미래는 무엇일까. 꿈은 이뤄지지 않으며 이상주의자의 백일몽이라 치부되기 쉽지만, 그래도 우리는 계속 꿈을 꾸어야 한다. 이 순간의 현실적 결정에도 꿈은 하늘에 떠 있는 북극성이 되어 주기 때문이다. 별이 있어야 키를 잡을 수 있다.

돌봄의 핵심에 당사자의 '자기 결정'과 '자립 생활'의 가치가 있다. 우리는 장애인이 돌봄을 통해 자립적인 생활을 하기 원하고 그 과정에 자기 선택권이 행사되기를 바란다. 돌봄의 목표는 서비스의 제공이 아니라 장애인이 삶의 통제권을 회복하는 것이다. 이것은 인간 존엄성의 문제다.

돌봄의 부담은 '탈가족화' 되어야 한다. 장애인의 행복이 가족의 희생을 바탕으로 해서는 안 되기 때문이다. 더욱이 그 희생이 여성에게 전가돼서는 안 된다. 돌봄에 드는 비용은 사회가 공동으로 분담해 장애인 가구가 위협을 받는 일이 사라져야 한다.

장애인의 연령대, 장애 유형, 장애 정도에 따라 나타나는 각종 욕구를 충족시키는 건강 서비스와 일상 및 사회 활동에 대한 지원이 정합성, 통합성, 연속성을 갖고 제공돼야 한다. 돌봄 서비스를 제공하는 다양한 직종은 사회를 유지하는 기본적인 노동을 제공하는 전문인으로 정의돼야 하고, 좋은 일자리의 조건 속에서 협력하며 장애인을 만날 수 있어야 한다.

장애인들은 '자기 집'에서 살아야 한다. 장애인들이 삶의 뿌리를 뽑힌 채 시설에서 장기적으로 지내는 일은 없어야 한다. 집은 장애인들이 안정적으로 거주하고 안전하게 생활할 수 있는 곳이어야 한다. 이와 함께 적절한 보조기기와 의료기기가 공급돼 심신의 기능을 최대한 발휘할 수 있어야 한다.

집을 넘어 이들이 사는 지역 사회는 공간적으로 안전하고 이동이 자유로우며, 사회적으로 대등한 관계를 맺는 공동체여야 한다. 장애인들이 사는 동네의 가게, 식당부터 복지관, 주야간보호센터, 보건소, 병의원 등 지역 사회 자원 전체가 '돌봄 생태계'를 구성한다. 우리는 장애인들이 이 안에서 온전한 구성원으로 살 수 있기를 바란다.

장애인 돌봄은 장애인만을 위한 것이 아니다. 누구나 서로 의존하고 서로 돌보며 살아야 한다는 것을 깨닫고 상호 의존적 관계를 만들어가면서 인간과 사회는 차츰 성숙해 나간다. 장애인 돌봄은 장애인뿐만 아니라 비장애인을 위한 것이고 장애인과 비장애인이 함께 어울려 사는 공동체를 만드는 일이다.

장애인의 연령대, 장애 유형, 장애 정도에 따라
나타나는 각종 욕구를 충족시키는 건강 서비스와

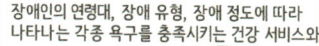

왔다갔다 하지 않고
꾸준하게!

일상 및 사회활동에 대한 지원이 정합성,
통합성, 연속성을 가지고 제공되어야 한다.

돌봄 서비스를 제공하는
다양한 직종은,

사회를 유지하는 기본적인
노동을 제공하는 전문인으로
정의되어야 해!

좋은 일자리의 조건 속에서
협력하며 장애인을
만날 수 있어야 하고!

집은 장애인들이 안정적으로 거주하고
안전하게 생활할 수 있는 곳이어야 하고,

자기 집에서
삶의 뿌리를 갖고
살아야지!

적절한 보조기기와 의료기기가 공급되어
심신의 기능을 최대한 발휘할 수 있어야 한다.

지역사회 또한 공간적으로 안전하고 이동이
자유로우며 사회적으로 대등한 관계를 맺는
공동체여야 한다.

지역사회 자원 전체가
돌봄 생태계 구성!

장애인들이 이 안에서
온전한 구성원으로 살 수 있도록!

장애인 돌봄은 장애인만을 위한 것이 아니다.

누구나 서로 의존하고
서로 돌보며 살아야
한다는 걸 깨닫고,

상호 의존적 관계를 만들어가면서
인간과 사회는 성숙해 나가니까!

장애인 돌봄은 장애인뿐 아니라
비장애인을 위한 것이고,

장애인과 비장애인이 함께 어울려 사는
공동체를 만드는 일이다.

지역사회
장애인 돌봄에 대해

1

우리는 누구나 언제나 서로 돌보고 돌봄을 받으며 살아가는 존재임을 깨달아 가고 있다. 인간과 사회는 재생산 노동의 바탕에서만 살아가고 유지될 수 있다. 젊고 건강하고 좋은 직장에 다니는 사람일지라도 집에서 잘 먹고, 푹 자고, 깨끗한 옷을 입을 수 있도록 준비해 주는 재생산 노동이 없으면 생존할 수 없다. '생산적이고 독립적인' 성인들이 받는 돌봄은 의존이 아닌 것으로 인식될 뿐이다. 그러나 취약성은 누구나 가지는 보편적인 것이다.

살아가다 보면 돌봄을 특별히 많이 받아야 할 시점이나 상황이 존재한다. 미성숙, 노화, 장애, 질병 등이 그렇다. 미성숙과 노화는 누구나 겪는 필연적인 과정이고, 질병과 장애는 모든 사람에게 상존하는 가능성으로 열려 있다. 노인, 장애인, 환자 등을 사회에 부담을 주는 특정 집단으로 규정하는 것은 편협한 태도이다.

역사적 문화적 맥락에서 돌봄의 제공은 가족들의 책임이었고, 가족 안에서 돌봄의 의무는 '사랑'의 이름으로 강제되었다. 권력관계에서 열세인 가족 구성원이 주로 돌봄을 부담한다. 대표적으로는 여성이고, 형제자매 중에서도 가장 취약한 사람이 책임을 맡는 일이 많다. 이런 방식은 사회적 돌봄에서도 반복되어 여성, 미숙련, 저소득 계층이 저임금으로 돌봄 노동에 종사하게 되는 경향이 있다. 국제적인 분업 관계에서는 저소득 국가의 여성이 고소득 국가에 유입되어 유급 돌봄노동에 종사한다, 생산노동에 비해 재생산 노동은 심각하게 저평가되어 있다.

지역사회 돌봄은 이런 왜곡을 극복하여 누구나 돌봄을 받고 누구나 돌봄을 주는 새로운 공동체를 구성하려는 노력이다. 당사자들이 "남에게 짐이 된다"라는 미안함에서 벗어나 돌봄을 권리로 인식할 수 있어야 하고, 국가와 사회는 이를 사회적 권리의 하나로 인정하고 지원해야 한다. 당사자는 충분한 정보를 받아 스스로의 판단으로 서비스를 선택할 수 있고, 원하지 않는 서비스를 거부할 수도 있어야 한다.

돌봄은 사회적 재생산을 담당하여 사회 전체를 뒷받침하는 활동이므로 그 비용 역시 사회적으로 분담되어야 한다. 가족이 돌봄 노동의 일차적 책임에서 벗어나도록 '탈가족화'가 필요하다. 가족 돌봄이 전제된 속에서 사회화되는 돌봄이 아니라, 사회화된 돌봄을 기반으로 가족 돌봄이 선택적인 것이 되어야 한다. 가족이 담당하는 돌봄 노동도 남성과 여성이 공동으로 분담하여 성별 분업을 해소해야 한다.

'탈가족화'가 돌봄의 '시설화'로 귀결되어서는 안 된다. 시설은 흔히 당사자의 주권을 보장하지 못하는 소외의 공간으로 작용했다. "탈가족화한 서비스를 '자기가 살던 곳, 또는 살고 싶은 곳'에서, 즉 탈시설화된 상태에서 받을 수 있어야 한다"라는 것이 지역사회돌봄의 핵심 전략이다.

2

장애인과 노인은 지역사회돌봄 정책의 양대 목표 집단이다. 장애인 돌봄은 노인 돌봄과 함께 지역사회돌봄의 큰 틀을 구성한다. 물론 영유아, 아동, 청소년, 임신·출산 등 돌봄이 필요한 여성, 노숙자 등 다양한 집단에 열려 있어야 한다.

현실적으로 현재 우리나라에서 진행 중인 지역사회돌봄은 노인을 위주로 한 것이다. 문재인 정부에서는 장애인, 정신질환자, 노숙자 등도 선도사업을 진행하기는 했지만, 큰 성과는 거두지 못했다. 윤석열 정부는 시범사업을 노인만으로 국한했다. 결과적으로 장애인 돌봄은 여전히 경험이 부족하고, 해야 한다는 당위론적인 수준에 머물러 있다. 앞으로도 상당 기간은 장애인 돌봄의 지체가 극복되기 어려울 것이다. 장애인 돌봄에 적극적으로 노력하여 노인 돌봄과의 격차를 줄여야 한다. 다양한 시도가 일어나야, 이에 자극을 받아 연구도 활발해진다.

3

장애인 돌봄과 노인 돌봄은 유사한 부분이 있고 차이가 나는 부분이 있다. 가사(청소, 빨래 등), 영양, 위생관리(배변, 목욕, 이·미용 등), 산책, 이동, 정서, 안심 생활 지원 등의 일상생활 지원은 거의 같을 것이다. 그러나 장애인에게는 노인과는 다른 돌봄 욕구가 있다. 우선 노인은 65세 이상의 연령층으로 국한되지만, 장애인은 출생부터 사망까지 전 연령층에 걸쳐 있다. 그러니 젊은 연령층에서 보편적으로 나타나는 보육, 교육, 고용, 여가 등의 욕구가 있고 그 욕구의 일정 부분은 돌봄으로 지원되어야 한다. 이에 따라 장애인은 이동, 사회적 관계 형성, 고용·소비 등 경제 행위, 정치 참여, 정보 접근, 문화, 체육, 취미를 포함하는 여가 활동 등 다양한 사회생활의 지원이 필요하다.

여기에 대해 장애인의 구체적 돌봄 욕구는 장애 유형과 중증도에 따라 다르다. 등록 장애의 유형은 15가지가 있다. 크게 신체적 장애와 정신적 장애로 구분되고, 신체적 장애는 외부장애와 내부장애로 나뉜다. 외부장애는 '외부로 드러나는 장애'로 지체, 뇌병변, 안면 장애가 있고, '감각장애'로 청각, 언어, 시각 장애가 있다. 내부장애는 신장, 심장, 간, 장루·요루, 뇌전증, 호흡기 등으로 구분된다. 정신적 장애는 '정신장애'와 '발달장애'로 나뉘고 발달장애 안에 지적 장애와 자폐성 장애가 있다.

장애의 종류가 다양하고 원인과 중등도의 차이에 따라 저하된 기능이 천차만별이다. 예를 들어 지체장애인과 시각장애인이 필요로 하는 돌봄 서비스는 전혀 다를 것이다. 뇌병변 장애인 안에서도 경증, 중증, 최중증의 돌봄 욕구는 차이가 있다. 내부 장애인들은 외부장애나 정신적 장애와는 또 다른 욕구가 있다. 그러나 각 장애 유형과 중증도, 원인 등에 따라 각각 다른 돌봄 욕구는 파악이 상세히 되어 있지 않다. 이 욕구를 파악하는 것이 장애인 돌봄 정책을 구성하기 위해 중요한 과제이다. 이 욕구들을 파악하지 않으면 장애인 돌봄을 각 장애인에게 맞게 구성하는 것은 한계가 있을 수밖에 없다.

중증도도 돌봄의 서비스를 구성하는 데 매우 중요하다. 같은 장애라도 경증과 중증, 최중증은 돌봄으로 주어야 할 내용이 상당히 달라진다. 한 가지 장애로 중증장애인이 되는 일이 많지만, 여러 가지 장애가 동시에 일어나는 중증 복합 장애인도 있다. 이런 경우 돌봄의 내용은 더욱 복잡해진다.

장애의 유형은 연령과 관계가 깊다. 어린 시절의 장애는 발달장애가 대부분이다. 소수의 뇌병변, 지체, 청각, 시각 장애가 나타난다. 발달장애는 말 그대로 어린이의 성장 발달에 지장이 생기는 것이기 때문에 보육, 교육이 큰 문제가 된다. 청년기를 지나면서 지체 장애, 정신 장애들이 늘어나기 시작하여 절반 이상을 차지하게 된다. 노년에는 노인성 청각장애가 큰 폭으로 증가한다. 치매도 노인에서 나타나는 지적 장애의 일종이라고 볼 수 있다. 연령과 장애 유형의 상관관계는 돌봄의 서비스 구성에 중요한 영향을 미친다.

4

장애인은 병이 많다. 유형에 상관없이 운동이 부족하고 몸이 허

약한 일이 많아서 각종 병치레가 잦다. 감기, 설사 같은 급성 질환이 빈발하는 것은 물론, 다양한 만성 질환, 정신 질환, 치매 등의 발생률도 높다. 물론 장애와 관련성이 있는 병도 많다. 주 장애는 물론 그로 인해 파생되는 2차 장애와 질병이 겹치는 일이 많다. 다리가 불편해 목발을 짚었는데 그로 인해 어깨가 상하거나 시각 장애 때문에 넘어져 골절이 생기는 식이다. 장애인에게는 복지와 보건의료의 욕구가 동시에 발생하는 복합적 욕구가 많아 이에 상응하는 복합적 서비스를 만들어주는 것이 중요하다.

장애인 돌봄에서 의학과 과학기술은 필수적 요소이다. 이들 신기술이 발전하면서 더 큰 역할을 하게 될 것이다. 그러나 의료의 제공이 질병을 치료하고 기능을 복원하는 데 그치는 것이 아니라, 그것을 기초로 장애인이 공동체의 일원이 되게 하는데 기여해야 한다. 사회서비스와 의료서비스의 결합은 의료적 모형으로 회귀하는 것이 아니라, 사회적 모형에 부합하도록 배치되어야 한다.

장애는 선천성도 많고 후천성이라도 유소년기, 청장년기에 발생하는 일이 많아서 노쇠보다 기간이 길다. 장애의 장기적 성격은 장애인이 교육, 직업, 소득 등에서 비장애인에 비해 불리한 사회적 조건을 가질 위험성을 높인다. 장애 기간이 길었던 분들은 비장애인으로 지내다가 노후에 장애를 가지게 된 분들에 비해 소득 수준이 낮은 일이 많다. 경제적 장애요인은 장애인의 돌봄에 영향을 준다.

장애인은 경제적 악조건과 함께 물리적, 문화적 장벽을 넘으며 살아야 한다. 고르지 못한 보행로, 단차와 계단이 많은 건축물 등은 각종 사회활동에 커다란 물리적 장애요인이다. 이동은 모든 장애인에게 공통적인 어려움이다. 지체 장애뿐 아니라 감각, 뇌병변, 내부, 발달장애 등 모든 장애인에게 이동은 많은 불편, 위험, 비용, 가족 부담의 증가를 감내해야 하는 일이다. 장애에 대한 직·간접적인 차별과 소외, 수화로 소통이 되지 않는 보건·복지시설 등은 사회적, 문화적 장애물로 작용한다. 모든 것이 풍요로워진 사회에서 돌봄 자원에 대한 장애인의 접근성은 비장애인에 비해 특수하게 낮은 수준에 머물러 있다.

지역사회돌봄의 모든 영역에서 당사자의 주권은 구현하기 쉽지 않다. 당사자의 체력이 약하고, 정신적, 지적 능력이 저하되는 경우도 많은 장애인의 돌봄에서 당사자의 의견을 듣고 선택권을 존중해 주기는 특히나 어렵다. 현장에서의 비대칭적 권력관계가 심각한 문제를 일으키기도 하고, 자원과 재원의 제약은 행정편의주의, 제공자 중심주의를 제도 수준에서 고착시킨다.

5

활동지원사는 장애인이 사회에서 자립적으로 생활할 수 있도록 지원하는 역할을 한다. 장애인의 일상생활(신체 및 가사 활동), 사회활동(이동, 외출, 사회참여), 의사소통, 안전과 응급상황 대응 등을 지원한다. 활동 지원은 여러 방문 돌봄 서비스 중에 가장 진척이 많이 되어 있는 영역이다.

활동 지원은 일상생활과 사회생활 모두를 지원하게 되어 있으나, 실제로는 일상생활 지원이 부족하다. 제도의 도입 이후 활동 지원은 장애인의 탈시설화와 돌봄노동의 탈가족화에 기여했으며, 장애인 개인을 1:1로 만나 개별적 욕구를 충족시키는 효과가 있었다. 그러나 돌봄 지원 시간이 부족하고, 중증장애인의 활동 지원을 맡아줄 인력을 구하기 어렵다는 문제가 늘 지적된다. 활동지원사의 교육은 단순하고 수당도 기본적으로 동일하다. 지역사회 돌봄의 시행에 맞추어 활동 지원을 장애 유형에 따라 전문화하고 이에 따라 교육 과정도 개편·강화되어야 한다. 특히 중증 장애 등에 대한 지원 능력을 강화하고 활동의 난이도에 따라 보수도 차등을 두어야 중증장애인도 활동 지원을 받을 수 있을 것이다. 동시에 활동지원사의 노동조건과 보수를 개선해 주어야 한다.

사회복지사의 방문 활동을 크게 확대해야 한다. 장애인의 실제 기능과 생활환경, 소득, 가족 관계 등 생활 실태를 파악하여 문제 상황에 대한 적절한 대책을 마련해 주어야 한다. 또한 학대, 고립, 고독사, 자살 위험 등 위험신호를 발견하면 즉시 대응해야 한다. 당사자의 의견을 파악하고 당사자 결정권을 지원하는 것도 중요한 임무이다. 방문의료, 방문재활의 팀과 같이 협조하여 포괄적 서비스의 폭을 넓힌다.

6

방문의료는 지금까지 거의 없었던 새로운 영역이다. 의사와 간호사가 팀을 이루어 거동이 불편하고 만성적 질환이 있는 장애인을 찾아가 방문진료, 방문간호, 질병관리, 환자교육 등을 계획성 있게 지속적으로 수행한다. 영양사, 임상심리사, 임상병리사 등 다양한 직종이 팀을 이루면 더 큰 성과를 거둘 수 있다. 휴대용 방사선촬영, 초음파 촬영, 임상검사 등을 위한 기기들이 개발되어 이를 활용할 수도 있다.

장애인들에게는 광범위한 재활의 미충족 필요가 존재한다. 그러나 거동이 불편한 장애인들이 의료기관에 주기적으로 찾아가 재활 서비스를 받기는 어렵다. 재활의학과 의사, 물리치료사, 작업치료사 등이 방문하여 재활 서비스를 제공하는 것이 중요한 대안이다. 환자가 재활을 찾아오기 어려우면 재활이 환자를 찾아가야 한다. 재활은 건강운동관리사의 운동요법, 더 나아가 생활체육으로 연결되어야 한다.

한의사는 서양의학과 직역 갈등이 있지만, 방문 의료와 재활에서 협조하는 방식을 찾아야 한다. 침구 등을 활용하면 상호 보완적인 역할을 할 수 있을 것이고, 환자들의 호응도 얻을 수 있다.

치과의사와 치과위생사가 팀을 이루어 제공하는 방문구강관리는 장애인들의 삶의 질을 바꿀 수 있다. 장애인들은 치아, 잇몸 등 구강 관리가 안 되는 일이 많다. 방문팀이 치과 진료와 함께 칫솔질/치실질 교육, 설구순 운동, 타액선 마사지 등을 해 주면 구강건강 상태의 개선은 물론 전신적 영양 상태가 좋아지고 각종 감염과 흡인성 폐렴을 예방할 수 있다.

약사가 가정을 방문하여 폐의약품을 정리하고, 중복처방과 부적절한 약물 사용을 확인하는 활동은 해외에서도 널리 시행되고 있다. 담당 의사와 협의하여 과다하거나 부적절한 처방을 조정하면 약으로 인한 질병과 낙상 등 사고를 예방하는 효과가 크다. 환자 개인의 상황과 생활 습관에 맞춘 복약지도는 복약 순응도를 크게 높일 수 있다.

영양은 건강관리에도 핵심적 수단이지만, 식사하는 과정에서 사회·심리학적 가치가 크다. 단순한 도시락 배포는 영양소 공급의 수단일 수는 있어도 소외를 방지하는 효과를 기대할 수는 없다. 방문 영양을 통해 연하 능력, 식욕 저하, 저영양, 장애인 비만 등에 대처해 주고, 환자용 식사를 준비해서 실제 섭취할 수 있도록 능력을 키워 주어야 한다. 동네 단위로 공동 식사의 프로그램이 있다면 고립과 우울에 효과적인 대처 방안이 된다.

7

주야간 보호는 돌봄이 필요한 사람이 주야간보호센터를 방문하여 낮이나 저녁 시간대의 일정 시간 동안 머무르면서 돌봄을 제공받는 서비스이다. 재활이나 정신 치료를 목적으로 주간에만 병원에 머무르면 '낮 병동'이라는 용어를 쓰기도 한다.

주야간 보호에서는 급식, 이동, 목욕 등을 포함하는 일상생활 지원; 운동 등 건강 및 기능 증진 활동; 여가·문화 활동 등으로 구성된 서비스를 반복적 또는 일시적으로 이용할 수 있다. 집에 거주하는 장애인들이 매일 또는 정기적으로 제공기관에 다니는 방식이므로 시설에 들어가는 일을 줄일 수 있고, 가족의 돌봄 부담을 크게 줄일 수 있다. 이런 성격 때문에 주야간 보호는 방문 서비스와 함께 지역사회돌봄에서 양대 서비스 중 하나이다.

일상생활 지원과 여가·문화 활동 등의 서비스에 더해서 더 포괄적이고 다양한 서비스를 구성해야 한다. 다양한 보건의료 및 운동 전문가가 채용되거나 주기적으로 방문하여 건강의 증진과 기능의 복구를 위해 노력할 필요가 있다. 음악, 미술, 공예, 문학, 연극, 영화, 사진, 체육 등 예체능 활동을 결합하면 더 복합적이고 효과적인 서비스가 가능해지고 자립생활의 실현에도 도움을 줄 것이다. 주야간 보호는 장애인의 기능 저하나 고립의 심화 등 상태 변화를 조기에 발견하고 대응해 주는 기능을 가져야 하고, 사회참여와 자립을 촉진하는 기능을 수행해야 한다.

장애인과 노인의 주야간 보호는 일부 공통으로 운영할 수 있으나, 대부분 별도의 기관에서 제공하는 것이 필요하다. 장애의 유형에 따라서도 구분하여 구성해야 한다. 지체·뇌병변 장애, 정신장애, 발달장애 등은 서로 요구 수준이 다르고 서비스 내용이 달라 섞이기 어렵다. 장애의 정도가 상대적으로 덜 심할 때는 공동 사용이 가능할 부분도 있을 것이다. 이런 특성이 장애인 주야간 보호센터의 인프라를 구축하는 데 충분히 고려되어야 한다. 지역별로 소요되는 주야간보호센터의 종류와 수효는 실증적인 연구가 필요하다.

8

장애인의 탈시설화는 국제적인 규범이다. 이를 강력하게 규정하고 있는 '유엔 장애인 권리 협약(CRPD)'은 한국도 비준한 국제조약이다. 이 협약은 "모든 장애인이 지역사회에서 살 권리가 있으며", "장애인들이 주거의 장소와 어디서 누구와 살 것이지 선택할 기회를 가져야 한다"라고 규정하고 있다. 동시에 "재가 서비스, 주거 서비스 및 기타 지역사회 지원 서비스 전반에 접근하고 있어야 한다"라는 점을 강조하고 있다. '유엔 장애인 권리위원회의 일반논평 제5호'는 "탈시설화는 시설의 폐쇄와 광범위한 개인별 지원 서비스의 수립이 포함되는 체계적인 변혁이 필요하다"라고 협약을 설명하고 있다.

문제는 협약이 규정하는 '탈시설화'와 '지역사회돌봄 구축'의 두 가지를 완벽하게 즉시 구현할 수는 없다는 것이다. 필연적으로 이행 과정이 있어야 하고 한국은 그 이행 과정을 시작하는 단계에 있다. 현재 시설에 있는 장애인의 대부분이 중증 발달장애나 뇌병변 장애를 가지고 있다. 이들이 지역사회에 나와 살아갈 수

119

있는 돌봄 체계를 만드는 것은 당연히 시간이 많이 걸리는 일이다. 최대한 빠르고 원활하게 이행하도록 노력하면서 이행 과정의 단계를 기획해야 한다. 이행 과정에 놓인 장애인들을 보호하기 위해 우선은 시설에서 일어나는 인권침해를 없애고, 개인화된 생활이 가능하도록 개선하는 것은 필요하다. 시설들은 장애인의 지역사회 복귀를 위해 적극적으로 노력해야 한다. 물론 이렇게 고쳐진 시설을 '괜찮다'는 이유로 고착시켜서는 안 되며 지역사회 돌봄의 구축에 상응하는 탈시설화를 지속적으로 진행해야 한다.

9

역사적으로 돌봄은 사적인 영역이었고 기본적으로 가족의 책임이었다. 전통사회에서 대가족과 지역사회는 공동체를 구성하여 돌봄의 부담을 나누어지기는 했지만 책임의 대부분은 여성이 담당했다. 이 시기의 성역할은 여성은 가족 내, 남성의 가족 외의 활동을 담당하는 것으로 엄격히 나누어져 있었다.

1960년대 이후, 사회 변화가 진행되면서 도시화와 산업화로 지역사회 공동체는 해체되고 대가족 또한 핵가족으로 분화되었다. 이에 따라 한국 가족의 대부분이 도시에 사는 핵가족이 되었고 돌봄은 그 안으로 응축되었다. 이어서 여성의 성역할이 변화하여 일과 가정을 동시에 책임지는 이중역할을 하게 되었지만, 남성의 성역할은 변화하지 않아 여성의 부담이 가중되었다.

탈가족화는 돌봄 욕구가 가족에 의해 충족되는 정도를 낮추고 사회적으로 분담되도록 하는 것이다. 과잉 전가된 책임을 재배치하여 가족이 유일한 책임자가 아니라 정부, 시장, 사회연대경제와 중앙과 지방의 여러 책임자 중 하나가 되도록 해야 한다. 또한 가족이 담당해야 할 몫에서 여성이 책임을 몰아서 지는 것이 아니라 남성과 고르게 분담하도록 성역할을 재구성해야 한다.

사회화된 돌봄제도는 흔히 가족의 존재를 전제로 구성된다. 얕은 수준의 복지 급여는 가족의 보충이 반드시 동반되어야 하고, 복잡한 복지 프로그램을 연결·조정하는 '사례 관리'의 역할도 가족이 담당해야 한다. 어떤 이유로든 제도가 실패할 경우, 책임은 곧바로 가족에게 되돌아온다. 결과적으로 탈가족화는 불충분해지고, 이름뿐일 경우가 많다. 장기적이고 상시적이어야 하는 장애인 돌봄은 특히 이럴 위험성이 크다.

가족에게 책임이 전가되지 않을 수준의 "국가가 책임진다"라는 원칙이 필요하다. 가족 유무와 무관하게 구성되는 급여 기준, 24시간 돌봄과 위기 대응, 사례 관리의 국가책임, 가족의 휴식 보장 등이 구현되어야 한다.

10

지역사회 돌봄은 '서비스'를 제공하는 것만으로 효과를 볼 수 없다. 물질적 자원과 수단이 뒷받침되어야 한다. 보조기기와 의료기기는 장애인의 저하된 기능을 보완해 타인에 대한 의존도를 줄이고 자립성을 회복시킨다. 사고와 2차 장애를 예방하고 이로 인한 의료비를 줄이며, 때로는 생존과 건강 유지의 기본적인 도구가 된다. 가정에서 사용할 수 있는 기기들이 기계적인 수준을 넘어서서 각종 전자·정보 기술과 결합하면서 그 필요성은 더 커질 것이다. 탈시설화와 탈가족화를 지향하는 지역사회돌봄에서 보조기기와 의료기기는 핵심적인 전략의 하나이다.

기기에 대해서는 흔히 '물건'을 제공해 주는 것으로 일이 끝난다고 생각한다. 그러나 평가, 선정, 훈련, 조정, 유지, 재평가로 이어지는 일련의 서비스가 기기와 결합하여 장애인들에게 제공되어야 제대로 된 의미를 가질 수 있다.

장애인이 작업치료사, 물리치료사 등과 함께 장애 상태와 생활환경 전체를 고려해서 필요한 기기와 주택 개조의 방식을 판단하는 것이 우선이다. 이를 바탕으로 당사자에게 가장 적합한 기기들을 선정하그, 부담을 느끼지 않는 비용으로 구매 또는 임대하여, 사용법을 충분히 훈련받을 수 있어야 한다. 유사한 장애 상태라 할지라도 생활 습관, 직업, 주택 구조에 따라 기기는 달라질 수 있다. 그 후에도 지속적인 고장 수리와 상태 변화에 따른 교체가 가능해야 한다. 필요성이 사라진 기기는 반납하고 재활용하는 체제가 필요하다. 이런 절차가 보조기기와 의료기기의 전달체계로 제도화되어야 한다.

인공지능을 비롯한 신기술이 장애인의 삶을 획기적으로 변화시킬 가능성은 크다. 이동, 조작, 감각, 소통 등 장애로 인해 저하된 능력이 인공지능의 발전으로 획기적인 개선이 이루어질 것으로 예측된다. 또한 물리적 인공지능이 돌봄 노동의 상당 부분에서 인간을 대체할 가능성도 빠르게 현실화하여 가고 있다. 이런 기술은 적극적으로 활용되어야 한다.

그러나 모든 신기술이 그러하듯이 고가의 비용은 큰 부담이 될 것이다. 사회보장이 급여해 주지 못하는 신기술은 불평등을 증폭시킬 가능성이 크다. 지금도 중증 장애, 특히 뇌병변 장애인이 필요로 하는 고가의 장비들을 개인 부담으로 구매해야 하는 상황을 생각해 보라. 인공지능에 대한 섣부른 기대는 돌봄 인력의 부족을 기계로 대체할 수 있다는 기술주의적 환상을 주고, 돌봄 인력을 확대하는 정책을 게을리할 명분을 줄 수도 있다. 돌봄은 인간이 하는 일이고 관계의 문제라는 것을 다시 새기고, 인간 중심의 관점에서 기술과 기계를 수단으로 활용하는 것이 중요하다.

11

집은 인간에게 기본적인 삶의 조건이다. 안전의 공간이고 생활과 휴식의 공간이자 자기 정체성, 존엄성과 사회·경제적 관계의 바탕이다. 그래서 집을 가지는 것은 사회적 권리로 인식되고, 정부는 국민의 주거권 보장을 위해 노력한다.

그러나 상당수의 장애인은 집을 가지지 못한다. 시설에 사는 장애인은 집이 없다. 성인이 되어도 독립하지 못하고 부모와 함께 사는 장애인들도 많다. 사실상 이들도 자기 집이 없는 것이다. 또한 장애인들이 거주하는 집의 상당수는 건축적으로 안전하지 못하다. 비장애인에게는 안전한 구조라도 장애인들에게는 사정이 다를 수 있다. 이런 이유로 장애인들에게 집은 매우 기본적인 생존의 문제가 된다.

장애인이 사는 집의 구조가 적절하지 못하다면 '주택 개조' 서비스가 제공되어야 한다. 주택 개조는 안전한 생활의 조건을 제공하고 활등의 어려움을 감소시켜 장애인의 자립생활을 가능하게 하는 사회적 개입이다. 주택 개조는 지자체의 기본 서비스 중 하나가 되어야 한다.

물리적 공간으로서의 집과 주거지원 서비스를 결합한 '지원주택'은 장애인들의 삶을 크게 바꿀 수 있다. 지원주택은 장애인이 안전하게 생활할 수 있는 구조를 갖추고 당사자가 계약 주체가 되는 안정적 장기 임대 주택이며 보통 1~2인 가구가 입주한다. 주거지원 ㅅ비스는 주택의 공급과 유지를 위한 주거 유지 지원부터 입주민의 기능 저하 상태에 따라 청소, 빨래, 식사, 장보기, 외출 동행 등 생활 지원 서비스가 맞춤형으로 구성되어야 한다.

지원주택은 시설에 있는 장애인을 탈시설화하기 위해 우선 필요하다. 더 나가면 성인이 되어서도 부모나 다른 가족과 함께 사는 장애인을 독립시키는 데 필요하다. 이런 경우는 돌봄을 큰 폭으로 탈가족화 하는 효과를 거둘 수 있다. 한국에서는 이런 집들이 주로 고소득층을 대상으로 만들어지고 있으나, 유럽, 일본 등에서는 중산층도 입주할 수 있는 방식으로 대량 공급하고 있다.

더 나아가서 주택을 비롯한 모든 건축물과 생활환경에 '유니버설 디자인'을 적용해야 한다. 건축물의 사용자는 늘 변화할 수 있기 때문에 어떤 사용자도 배제하거나 차별하지 않는 보편적 설계가 필요하다. 적어도 개조의 가능성을 열어 두어야 한다. '유니버설 디자인'은 물리적 장벽을 미리 예방하고 사전에 완화하는 것이다.

주택을 넘어서서 동네에 무장애(barrier free) 환경이 조성되어야 장애인들이 집안에 갇히지 않고 밖으로 나와 '동네 한 바퀴'를 돌 수 있다. 고르지 못한 보도, 경사로 없는 계단, 장애인 출입이 어려운 화장실, 자동차 중심의 광폭 도로와 신호체계 등이 대표적인 장벽들이다. 주거지역 외에도 상업, 행정, 교통의 중심 지역은 우선하여 무장애 환경을 조성해야 한다.

주거복지와 무장애 생활환경 조성은 노인과 장애인의 독립생활을 위한 정책의 한 부분이며, 복지를 담당하는 보건복지부와 주택과 교통을 담당하는 국토교통부가 공동으로 노력해야 한다. 공공임대 주택을 공급하는 주택토지공사의 역할이 중요하다. 또한 지역사회돌봄을 주체적으로 담당하게 될 지방자치단체의 역할이 주거복지와 무장애 생활환경 조성으로 확대되어야 한다.

12

장애인 복지의 재정은 대부분 보건복지부의 '예산'으로 조달된다. 이 점에서 조세 방식의 복지 유형에 속한다고 할 수 있다. 노인장기요양이나 보건의료의 재정이 사회보험으로 조달되는 것과는 차이가 있다. 사회보험 방식이 시장에서의 고용 상태에 따라 사각지대가 크게 발생하는 단점이 있는 반면, 조세 방식은 고용 상태와는 무관하게 복지 급여가 주어지기 때문에 장애인들에게는 유리하다고 할 수 있다. 그러나 서구에서의 조세 방식이 공공 공급자를 통해 정부가 서비스를 직접 만들어주는 제도를 가지는 데 비해, 한국에서는 민간공급자에게 서비스의 생산을 거의 전적으로 맡기고 있다. 이점은 큰 차이다.

새로 만들어지는 지역사회돌봄의 재원을 모두 '돌봄'의 명목이 붙은 예산으로 조달하는 것은 아니다. 장애인 돌봄이라 하더라도 보건의료 부분의 재정은 건강보험 수가로 지급되고, 65세 이상의 고령장애인에게 급여되는 돌봄은 노인장기요양보험에서 지급된다. 65세 미만 장애인의 돌봄 관련 재정은 예산에서 나온다. 앞으로 돌봄을 위해 새로운 보험급여가 신설되고 수가도 조정될 것인데, 그 재정은 자동적으로 건강보험과 노인장기요양보험이 담당하게 될 것이다. 주거 관련 예산은 국토교통부의 재정, 건강보험 등의 주거서비스 급여, 지자체의 예산 등으로 조달될 것이다.

'지역사회돌봄 예산'은 각 지역의 돌봄 체계 운영, 사업 연계, 사례 관리 등에 드는 경비, 사회보험이나 기존 예산으로 지급되지 않으나 새로 필요한 사업의 비용, 중앙정부에서 돌봄 체계의 준비에 드는 경비 등이다. 지방정부가 채용한 돌봄 인력의 인건비는 지자체 전체의 예산에서 지급되며 기준인건비 제도의 제약을 받는다. 이런 구조 때문에 상당히 많은 재정이 이미 돌봄을 위해 쓰이고 있다. 중앙정부와 지방정부는 사업비를 일정 비율로 분담하게 될 것이고, 지방정부는 자체 결정으로 지방 예산을 추가 투입할 수 있다.

이렇게 쪼개진 재원은 결국 사람 중심이 아닌 제도 중심, 공급자 중심의 서비스를 만들어내게 된다. 지역에서 당사자 중심으로 서비스를 재구성해 주어야 하는 돌봄 책임자는 이 복잡한 사업 재원을 연계해 주는 데에 큰 어려움을 겪게 될 것이다. 각종 돌봄 재원을 모아 지방마다 기금을 만들고 재량으로 쓰게 해야 한다는 주장도 이런 이유로 나오는 것이다. 앞으로 지역사회 돌봄이 발전해 가는 데 따라 조만간 재원을 개편해야 한다는 논의도 활발해질 것이다.

보건복지부 외에도 다양한 부처가 돌봄에 쓰일 수 있는 재원을 가지고 있다. 국토교통부의 생활 SOC, 도시재생, 주거약자 지원 사업; 농림축산식품부의 돌봄 농장, 농촌기초생활거점 조성, 사회적 농업 육성; 행정안전부의 마을 공동체; 문화체육관광부의 장애인 문화예술, 생활체육, 재활체육; 고용노동부의 사회서비스 일자리, 돌봄 인력 양성 등 다양한 사업 예산이 있다. 또한 지역균형발전특별회계, 지방소멸대응기금 등은 규모가 크고 부처 간 경계가 없으며 토목보다는 서비스로 점점 강조점이 이동하고 있다.

13

지역사회돌봄은 당사자가 '살던 곳에서 계속 살게 하는' 목표를 가졌기 때문에 '사는 곳'을 중심으로 각종 서비스를 제공하는 지역성을 가질 수밖에 없다. 지역사회돌봄의 지역사회는 공동체로서의 지역사회이기도 하지만 공간으로서의 지역사회라는 의미가 강하다. 따라서 지역사회돌봄은 인간과 공간이라는 삶의 현장에서 가장 가까운 기초정부가 담당하는 것이 가장 자연스럽다.

그러나 현재의 보건복지 업무는 대부분 중앙정부가 세부안까지 마련하여 지방에 보내고 지방정부는 이를 집행하는 방식으로 진행된다. 위임사무는 지방에서 자기 지역의 상황에 맞게 변용할 수 있는 융통성이 없다. 지역의 상황에 맞게 다양한 서비스를 스스로 만들어내야 할 지역사회돌봄이 이런 방식으로는 성공할 수 없음은 자명하다. 돌봄은 기본적으로 자치 업무이다.

돌봄에 있어서 중앙정부의 역할은 법령과 기본계획 등으로 제도의 틀을 만들고 표준 지침 등으로 전국적 통일성의 유지하는 것, 정부 예산과 사회보험 등 재정의 조달과 교부 방식을 만드는 것, 지역 간 격차를 조정하여 형평성을 유지하는 것, 보건, 복지, 주거, 교통, 고용, 체육 등 부처와 분야 간 조정과 협조 체계를 만드는 것 등이다.

지방정부는 중앙이 만든 제도의 틀 안에서 지역의 상황에 맞게 구체적 계획과 돌봄의 전략을 자율적으로 수립한다. 돌봄을 받아야 할 주민을 선정하여 개인별 돌봄 계획을 수립하고, 문제 있는 사례들을 조정해야 한다. 돌봄을 제공할 수 있는 인프라를 구성하고 다양한 자원들이 협조하게 만들어 나간다. 이런 과정에서 당사자와 주민들이 참여하는 민주적 협치를 구현하는 것도 지방정부의 역할이다.

그러자면 당연히 중앙과 지방의 쌍방이 모두 변화해야 한다. 보건복지부는 정책 방향은 제시하지만, 간섭은 하지 않는 새로운 사업 방식을 체득해야 한다. 기획예산처는 충분한 예산을 지원하되 포괄교부금 방식으로 자주 재원을 확보해 주어야 한다. 사업별 예산은 필연적으로 보건복지부의 중앙집권적 사업 방식과 결합하여 지방정부의 자치적 돌봄 발전을 저해하게 될 것이다. 행정안전부는 지방공무원을 중앙이 통제하는 제도를 개혁해야 한다. 기준인건비 제도는 필요한 보건·복지 인력을 필요에 맞게 증원할 수 없게 하고, 비정규직과 외주 의존도를 높이는 결과를 초래한다.

동시에 지방정부는 복지에 관한 관심과 운영 능력을 키워야 한다. 지역사회돌봄의 초기에는 지방마다 능력 차이가 크게 나타나겠지만, 시간이 지날수록 그 차이는 좁아질 것이다. 지방자치 자체가 30여 년간 서서히 성장해 온 것과 같은 과정을 지역 돌봄도 반복하게 될 것이다. 지역사회돌봄은 지방자치의 '본업'에 해당하는 일이다. 지금까지 게을리해왔던 '본업'을 이제 적극적으로 수행해 가면서 지방자치 자체가 크게 발전할 가능성이 크다.

중앙정부는 지방에 사업, 예산, 인력의 자율성을 주되, 대신 그 성과를 엄격히 평가하여 다음 단계의 지원에 차이를 반영하면 된다. 무엇보다도 돌봄의 성과는 지방 선거를 통해 지자체별로 정치적 평가가 이루어질 것이다.

재단법인 돌봄과 미래를
소개합니다

'(재) 돌봄과 미래'는 아프다고, 늙었다고, 장애가 있다고 병원이나 시설에 가지 않아도 되는 삶, 자신이 인간다운 생을 이어가는 삶, 가족들이 돌봄 노동과 비용의 짐을 떠안지 않는 삶. 이 조건들을 그들의 여생과 삶에 갖추어주는 일을 하고자 만들었습니다.

우리 사회와 가족 모두의 절실한 과제이지만 제대로 손을 못 대고 있었습니다. '돌봄 불안이 없는 사회'를 위해 많은 분의 뜻이 모여 2022년 9월 '(재) 돌봄과 미래'를 설립하였습니다.

중앙 정부와 지방 정부가 지역사회에서 의료, 요양, 주거 등 필요한 서비스를 제공해주는 제도적 기반이 마련되어야 합니다.

이를 위해서 (재) 돌봄과 미래는 정책세미나, 토론회, 교육연수, 강연 등으로 올바른 돌봄을 소개하고 연구 학술, 정책 제안, 법령 정비, 대국민소통 등의 활동을 실행하고 있습니다.

시민의 참여와 여론 확산이 꼭 필요합니다. 후원회원으로 가입해주셔서 힘을 보태주시면 '전국민돌봄보장' 실현을 위한 활동에 소중한 도움으로 삼겠습니다.

※ 후원방법

● (재) 돌봄과 미래 홈페이지 https://dolbom-mirae.kr

  → 가입하기 → 후원회원가입/특별기부

✦ 재단법인 돌봄과 미래 주요 활동 ✦

✦ 돌봄통합지원법 검토, 법 제·개정안 제시

<「돌봄통합지원법」의 의미와 22대 국회 입법과제 토론회(2024.6.24)>

<「돌봄통합지원법」법 개정 및 하위법령 제안 토론회(2025.2.13)>

<주거가 기반이 되는 지역사회돌봄 실현 방안(2025.4.25)>

<「돌봄통합지원법」하위법령 전문 분야별 내부 토론(2024.10.19)>

◆ **돌봄정책 돌봄 예산 증액 활동**

2025.4 제21대 대통령선거 '지역사회돌봄' 공약과 국정과제 정책 제안

2025.5 전국민돌봄보장의 기초를 다지는 5개 공동정책 협약 체결

2025.7 「돌봄통합지원법」 시행령 및 시행규칙 제정안 의견서 제출

2025.11 53개 돌봄 관련 단체 통합돌봄 예산 증액 요구 공동성명서 발표

〈 학술활동 〉

◆ **돌봄 세미나**

· 전문가 초청 세미나

· 정기 세미나

◆ **돌봄 도서 출판**

◆ 연구용역

2023.10 돌봄기본법 제정 방향 및 국민건강보험공단의 역할

2023.12 경기도형 지역사회통합돌봄 모델 개발 및 경기도 역할 정립 방안

2024. 7 「의료·요양 등 지역돌봄의 통합지원에 관한 법률」 제정 이후 국민
           건강보험공단의 역할

2024.12 GH임대주택 대상 고독사 예방 및 삶의 질 개선 시범사업 연구

2024.11 화성형 지역사회 통합돌봄 모형 개발

2025. 8 화성시 고령친화도시 조성 기본계획 수립

소통활동

◆ 여론조사

<60년대생 돌봄인식조사(2024.6.3)>

<70년대생 돌봄 실태(2024.11.28)>

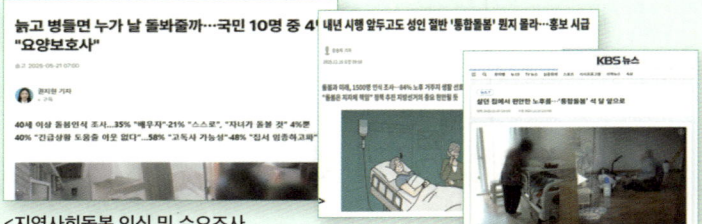

<지역사회돌봄 인식 및 수요조사
(2025.5.21)>

<지역사회돌봄 정책 수요와 지방자치단체의
역할 인식 조사(2025.12.16)

◆ 언론기고 및 인터뷰

<돌봄이야기 17회(국민일보 2023.5~12.)>

<장애인돌봄이야기 24회(국민일보 2025.1~12.)>

<한겨레 인터뷰(2025.3.11)>

<동아일보 인터뷰(2025.3.21)>

교육연수활동

◆ 돌봄아카데미

◆ 지역사회돌봄 현장탐방

<프리웰 지원주택센터(2023.4.7)>　　　<엔젤스헤이븐(2023.7.6)>

<전주시 지역사회돌봄 모델　　<서봄하우스(2024.9.4)>　　<1호 중증 뇌병변장애인 단기
(2024.5.17)>　　　　　　　　　　　　　　　　　　　거주시설(2025.5.13)>

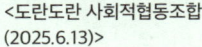

<도란도란 사회적협동조합　　　<파크사이드재활의학병원(2025.10.23)>
(2025.6.13)>

<노인복지학회 학술대회
(2024.5.24)>

<한국장애인단체총연맹(2024.11.22)>

<연합 추계학술제-돌보는 의료,
함께하는 미래!(2025.10.19)>

<한국종교계사회복지
협의회 토론회(2025.7.3)>

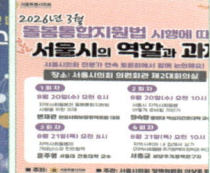

<서울시의회 공동 토론회
(2025.8.20~21)>

<대한민국시장·군수·구청장협의회(2025.12.4)>

글 **김용익**

서울대학교 의과대학 교수로 재직하면서 복지국가 추진에 노력하였고
다양한 공직을 마친 후 지금은 전국민돌봄보장 운동에 앞장서고 있다.

재단법인 돌봄과 미래 이사장
서울대학교 의과대학 의료관리학교실 명예교수
국민건강보험공단 이사장(2017-2021)
제19대 국회의원(보건복지위원)(2012-2016)
대통령비서실 사회정책수석비서관(2006-2008)
대통령직속 고령화 및 미래사회위원회 위원장(2004-2006)

그림 **기므지우**

본명은 김지우이다. 서울대학교 건축학과를 졸업했으나 집은 짓지 않고
이야기를 짓는 컨텐츠 크리에이터로 살아가고 있다.

서울대학교 건축학과 졸업, 컨텐츠 크리에이터
웹툰 [건축학과 1학년]
대중 교양서 [크리틱: 서울대 건축학 교실의 열린 수업]
스토리 게임 [히어로 아닙니다], [How to get Espers]

김용익의 장애인 돌봄 이야기

초판 1쇄 펴냄 2026년 2월 17일
지은이 김용익 글 · 기므지우 그림
펴낸이 이보라
펴낸곳 건강미디어협동조합
등록 2014년 3월 7일 제2014-23호
주소 서울시 중랑구 사가정로49길 53
전화 010-2442-7617 팩스 02-6974-1026
healthmediacoop@gmail.com 값 11,000원
ISBN 979-11-87387-49-7 03330